쉽고 재미있게 생각하는 연산!

연산력 수학

B6
(7세~초1)

덧셈과 뺄셈, 세 수의 계산

똑!똑! 연산력 수학
노크의 구성

연산 학습 ▶ 하루에 4쪽씩 한 가지 주제를 학습합니다.

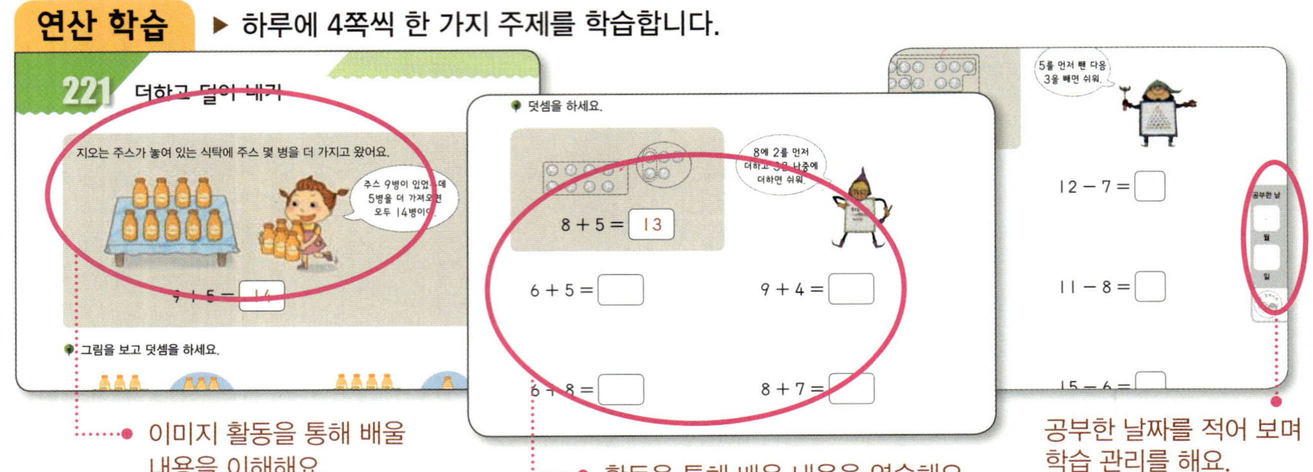

이미지 활동을 통해 배울 내용을 이해해요.

활동을 통해 배운 내용을 연습해요.

공부한 날짜를 적어 보며 학습 관리를 해요.

평가 ▶ 배웠던 주제를 평가해 봅니다.

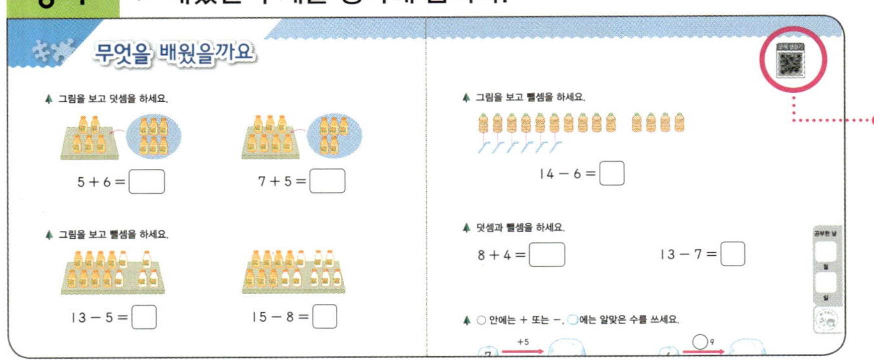

"문제 생성기" QR코드를 이용하면 여러 문제를 더 풀어 볼 수 있어요.

연산 보충 학습 ▶ 연산 학습의 부족한 부분을 연습합니다.

덧셈과 뺄셈   관련 쪽수: 6~27쪽

덧셈을 하세요.

5 + 7 =	6 + 8 =
3 + 9 =	8 + 4 =
5 + 9 =	9 + 8 =
4 + 8 =	8 + 5 =
7 + 8 =	5 + 8 =

뺄셈을 하세요.

11 − 4 =	17 − 9 =
14 − 8 =	12 − 3 =
15 − 9 =	16 − 8 =
13 − 7 =	16 − 9 =
15 − 6 =	17 − 8 =

각 주제별로 학습했던 연산 학습 중 연습이 더 필요한 부분을 본책 맨 뒤에서 제공합니다.
해당 연산 학습을 끝낸 후에 사용하세요.

연산력 수학 노크만의 스마트 학습

문제 생성기

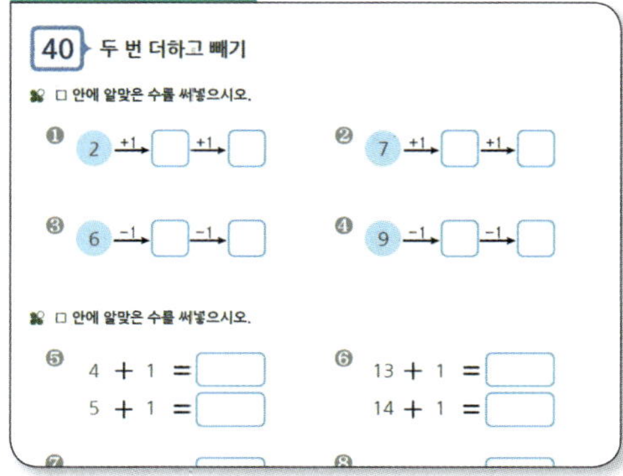

"무엇을 배웠을까요"를 풀고 난 후 QR코드를 찍어 보세요.
새로운 문제들이 계속 생성됩니다.
출력하여 사용하세요.

연산력 게임

"연산력 게임" 코너에 있는 CR코드를 찍어 보세요.
연산 학습과 연계된 재미있는 연산력 게임을 할 수 있습니다.

연산력 수학 노크에 나오는 친구들을 소개해요!!

모험가 친구들

지오
호기심 공주

태경
활동파 리더

마법사 멀린과 수학 요정

마법사 멀린

꼬마 요괴

딴소리

한입

장난

딴짓

멍하니

잠만자

울보

거꾸로

노크랜드로
출발해 볼까?

덧셈과 뺄셈

▶ 연산 보충 학습(102~103쪽)에서 더 풀어 보세요.

학부모 지도 가이드

이번 차시에서는 그동안 배운 덧셈과 뺄셈의 종합 단계입니다. 덧셈과 뺄셈의 연습을 토대로 ＋, －의 기호를 써넣는 훈련을 합니다.

＋와 －의 기호를 넣어 봄으로써 ＝의 의미를 이해하게 됩니다. 수식의 방향을 거꾸로도 연습하여 덧셈, 뺄셈의 ＋, －, ＝를 바르게 이해하도록 지도해 주세요.

더하고 덜어 내기

🌳 그림을 보고 덧셈을 하세요.

$7 + 6 =$ ☐

$8 + 3 =$ ☐

$6 + 8 =$ ☐

$5 + 7 =$ ☐

● 덧셈을 하세요.

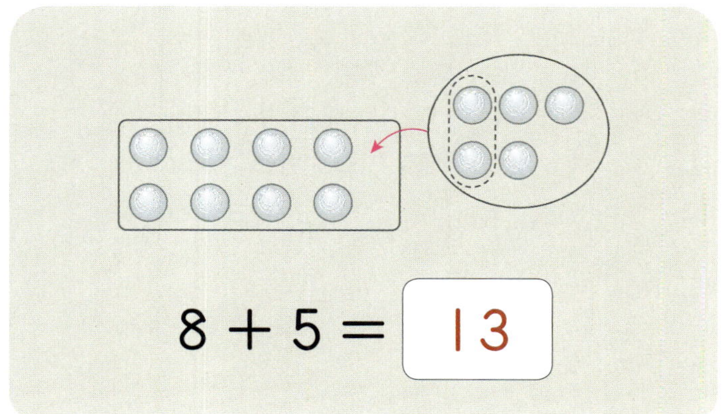

$8 + 5 = \boxed{13}$

$6 + 5 = \boxed{}$

$9 + 4 = \boxed{}$

$6 + 8 = \boxed{}$

$8 + 7 = \boxed{}$

$3 + 9 = \boxed{}$

$7 + 6 = \boxed{}$

$9 + 7 = \boxed{}$

$8 + 9 = \boxed{}$

태경이는 식탁에 놓여 있는 주스 중에서 몇 병을 마셨어요.

$$14 - 6 = \boxed{8}$$

🌳 그림을 보고 뺄셈을 하세요.

$$12 - 7 = \boxed{}$$

$$11 - 3 = \boxed{}$$

$$16 - 8 = \boxed{}$$

$$14 - 5 = \boxed{}$$

🌳 **뺄셈을 하세요.**

$$15 - 8 = \boxed{7}$$

$11 - 5 = \boxed{}$

$12 - 7 = \boxed{}$

$17 - 9 = \boxed{}$

$11 - 8 = \boxed{}$

$13 - 6 = \boxed{}$

$15 - 6 = \boxed{}$

$14 - 8 = \boxed{}$

$12 - 4 = \boxed{}$

공부한 날

월

일

모으고 비교하기

🌳 그림을 보고 덧셈을 하세요.

$8 + 3 =$ ▢

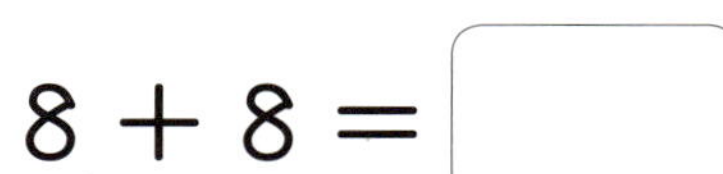

$8 + 8 =$ ▢

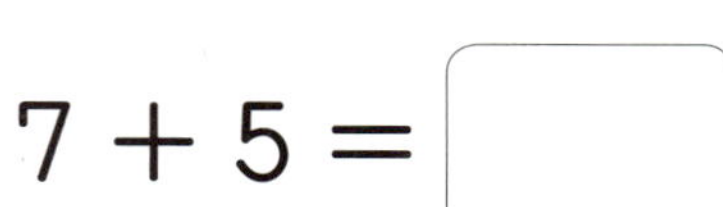

$7 + 5 =$ ▢

$4 + 9 =$ ▢

● 덧셈을 하세요.

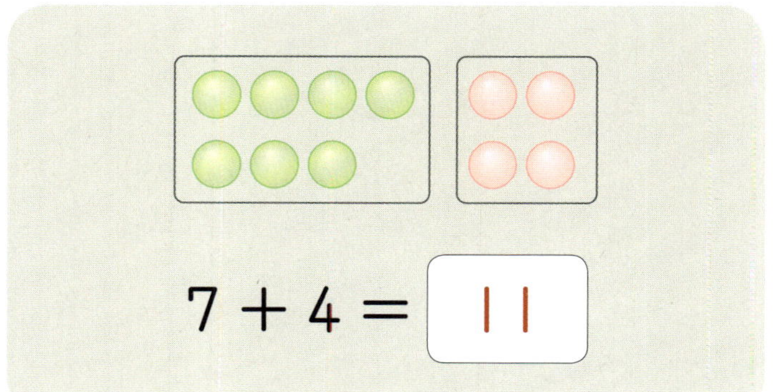

$7 + 4 = \boxed{11}$

$8 + 6 = \boxed{}$

$2 + 9 = \boxed{}$

$5 + 7 = \boxed{}$

$9 + 7 = \boxed{}$

$7 + 8 = \boxed{}$

$8 + 5 = \boxed{}$

$8 + 9 = \boxed{}$

$6 + 6 = \boxed{}$

🌳 그림을 보고 뺄셈을 하세요.

$$13 - 4 = \boxed{}$$

$$15 - 7 = \boxed{}$$

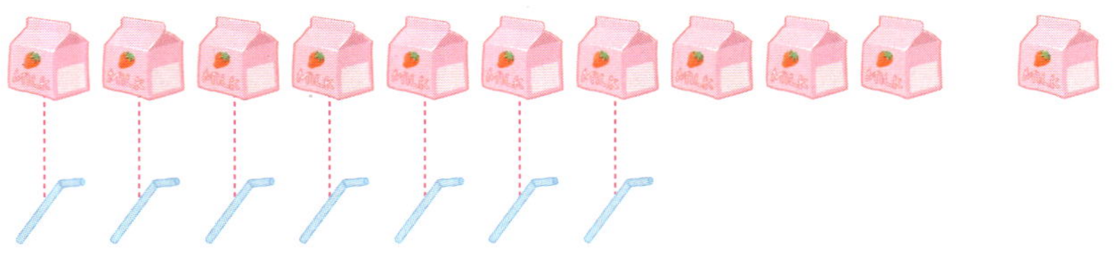

$$11 - 7 = \boxed{}$$

● 뺄셈을 하세요.

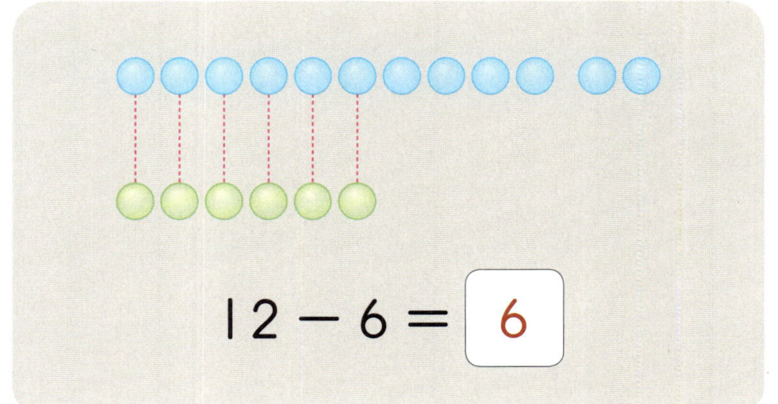

$$12 - 6 = \boxed{6}$$

$$13 - 8 = \boxed{}$$

$$11 - 2 = \boxed{}$$

$$15 - 7 = \boxed{}$$

$$11 - 8 = \boxed{}$$

$$15 - 8 = \boxed{}$$

$$12 - 8 = \boxed{}$$

$$18 - 9 = \boxed{}$$

$$13 - 7 = \boxed{}$$

공부한 날

월

일

더하고 빼기

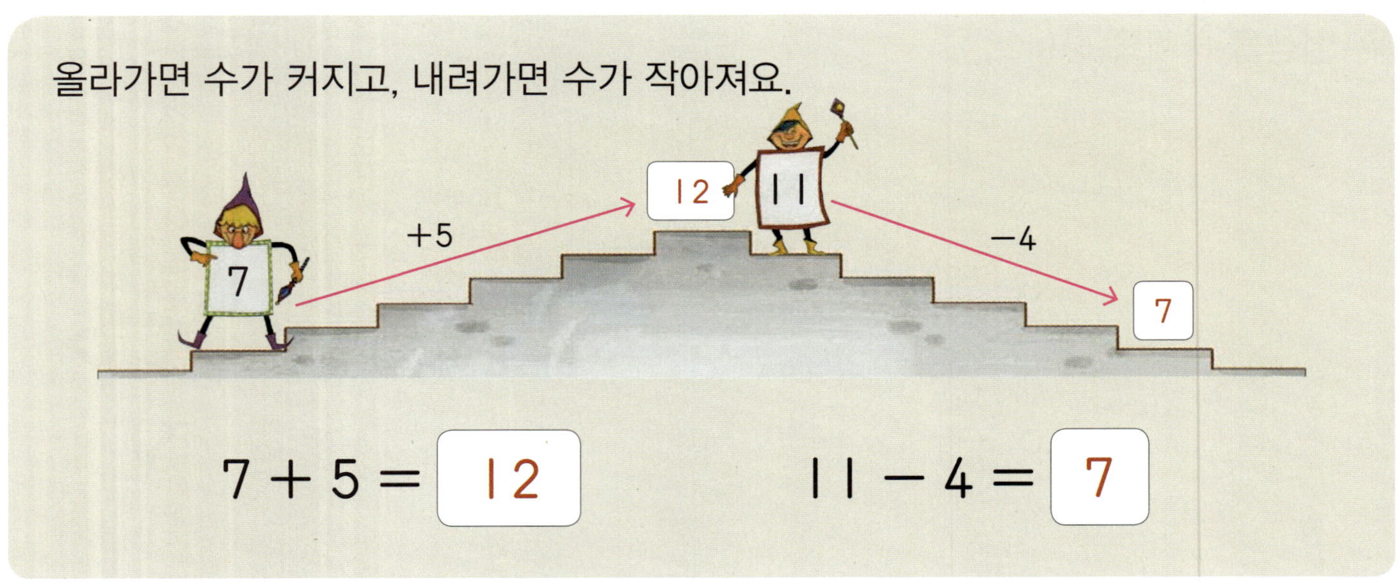

🌳 빈칸에 알맞은 수를 써넣고 덧셈과 뺄셈을 하세요.

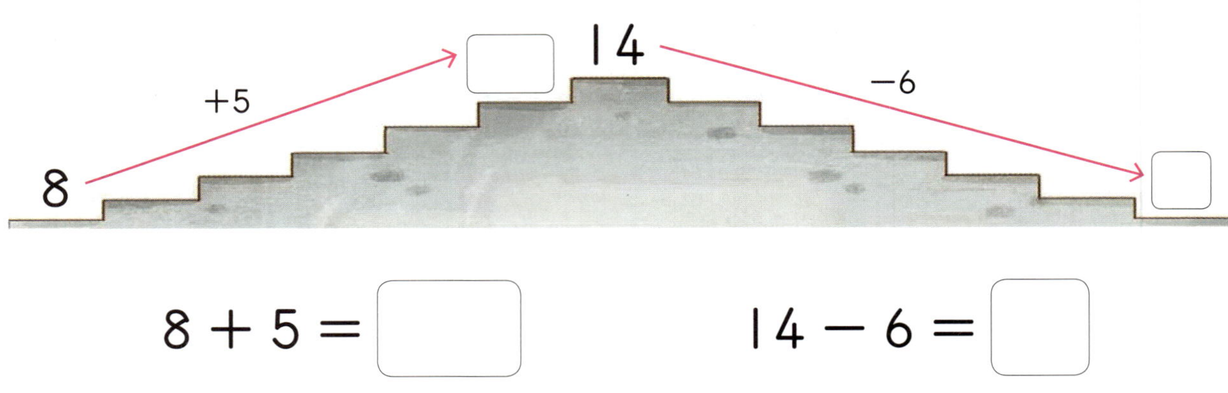

14

+2

9

−5

9 + 2 =

14 − 5 =

● 덧셈과 뺄셈을 하세요.

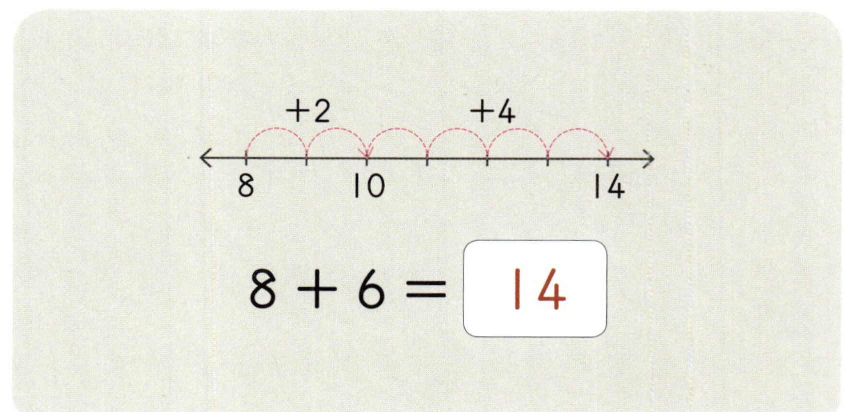

$4 + 8 = \boxed{}$

$7 + 6 = \boxed{}$

$9 + 8 = \boxed{}$

$4 + 7 = \boxed{}$

$12 - 5 = \boxed{}$

$17 - 8 = \boxed{}$

$14 - 6 = \boxed{}$

$13 - 5 = \boxed{}$

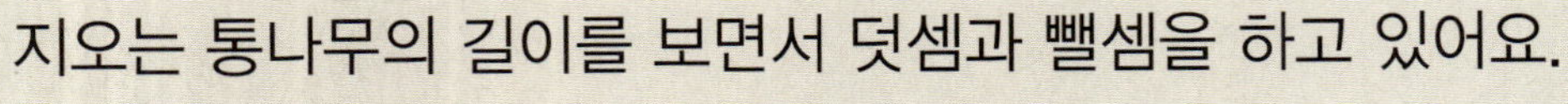

지오는 통나무의 길이를 보면서 덧셈과 뺄셈을 하고 있어요.

+8 → 14

6

12 → −7

5

$6 + 8 = 14$

$12 - 7 = 5$

🌳 빈칸에 알맞은 수를 써넣고 덧셈과 뺄셈을 하세요.

+5 →

8

15 → −6

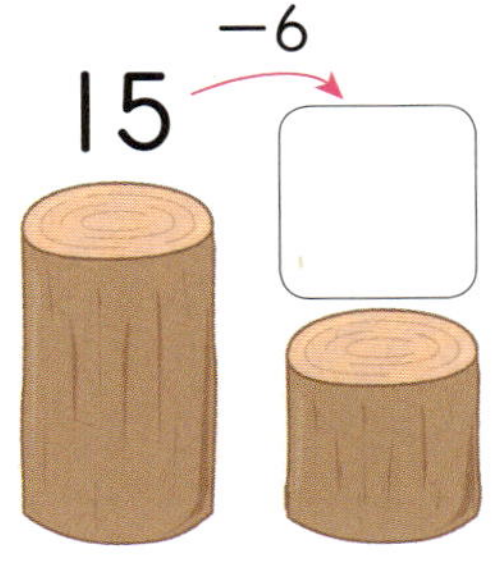

$8 + 5 =$

$15 - 6 =$

+7 →

4

14 → −8

$4 + 7 =$

$14 - 8 =$

+6 →

5

13 → −4

$5 + 6 =$

$13 - 4 =$

덧셈과 뺄셈을 하세요.

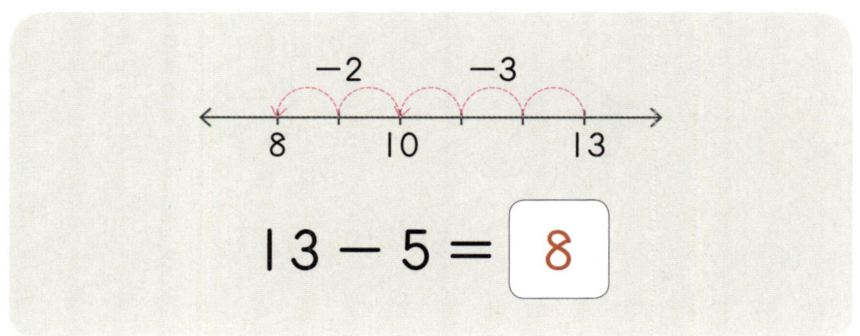

$8 + 7 =$ 　　　　　　$6 + 6 =$

$9 + 2 =$ 　　　　　　$4 + 9 =$

$13 - 7 =$ 　　　　　　$16 - 8 =$

$11 - 6 =$ 　　　　　　$17 - 8 =$

＋와 －

● 올바른 식이 되도록 선을 그으세요.

14 ＋ 4 10
－ ＝

12 ＋ 3 15
－ ＝

🌳 올바른 식이 되도록 ◯ 안에 + 또는 −를 쓰세요.

7 ◯ 4 = 11

15 ◯ 6 = 9

14 ◯ 5 = 19

17 ◯ 9 = 8

8 ◯ 4 = 4

5 ◯ 7 = 12

3 ◯ 9 = 12

12 ◯ 6 = 6

🌲 ◯ 안에는 + 또는 −, ◌에는 알맞은 수를 쓰세요.

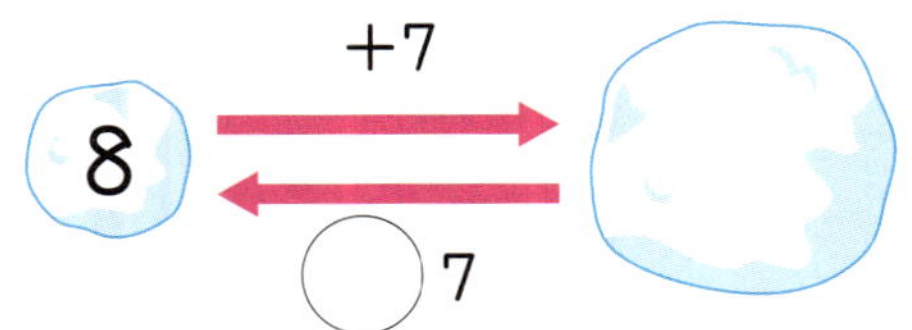

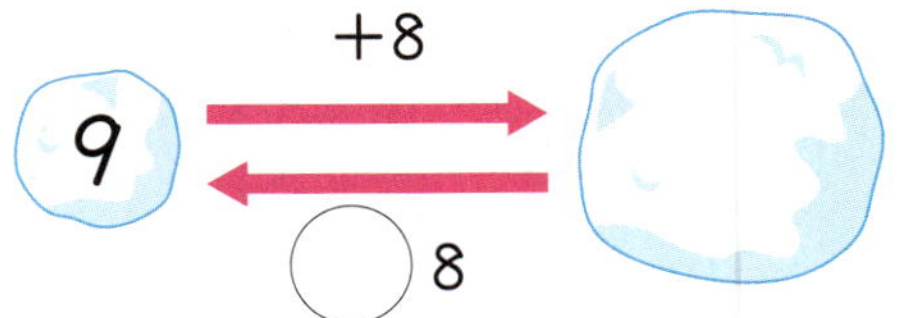

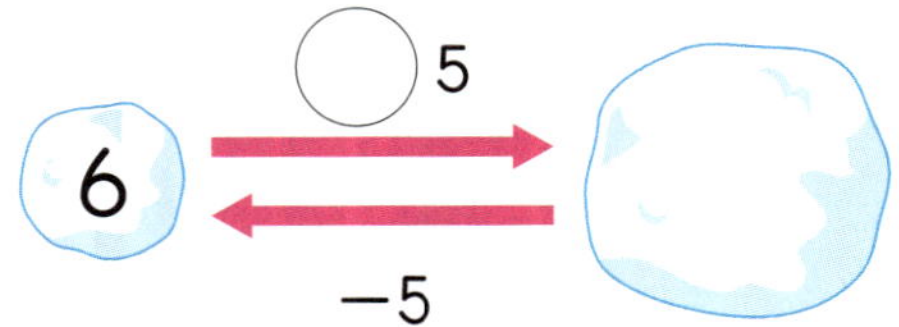

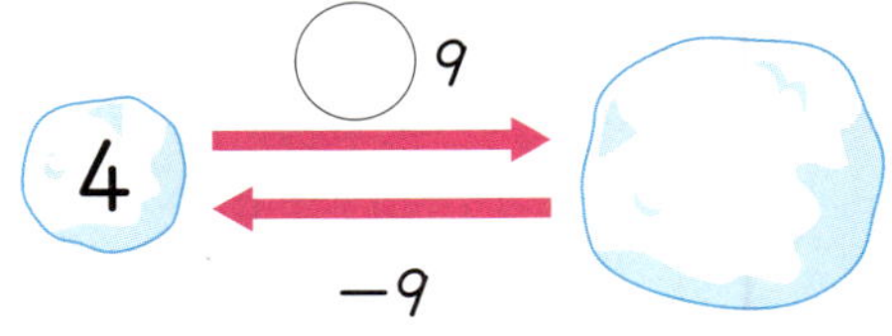

5
+7
◯ 7

7
◯ 9
−9

올바른 식이 되도록 ○ 안에 + 또는 −를 쓰세요.

$$13 \; \boxed{-} \; 6 = 7$$

$$15 \; \bigcirc \; 6 = 9 \qquad\qquad 7 \; \bigcirc \; 5 = 2$$

$$7 \; \bigcirc \; 4 = 11 \qquad\qquad 12 \; \bigcirc \; 3 = 9$$

$$11 \; \bigcirc \; 4 = 15 \qquad\qquad 9 \; \bigcirc \; 7 = 16$$

$$5 \; \bigcirc \; 8 = 13 \qquad\qquad 18 \; \bigcirc \; 9 = 9$$

결과가 같은 식

🌲 계산 결과가  안의 수가 되는 덧셈식을 모두 찾아 ◯표 하세요.

11	4 + 8	7 + 4
	2 + 9	3 + 7

15	7 + 7	5 + 9
	7 + 8	9 + 6

14	7 + 5	8 + 6
	5 + 8	9 + 5

16	9 + 6	8 + 8
	7 + 9	9 + 9

13	6 + 7	8 + 5
	7 + 8	3 + 9

12	6 + 6	5 + 6
	8 + 3	4 + 8

🌳 계산 결과가 11인 덧셈식만 따라 선을 그어 미로를 빠져나가 보세요.

지오는 연못에 빠진 카드 중 계산 결과가 7인 식을 찾고 있어요.

🌳 계산 결과가 🪧 안의 수가 되는 뺄셈식을 모두 찾아 ◯표 하세요.

5

13 − 8	11 − 4
12 − 7	15 − 9

3

13 − 6	12 − 9
11 − 8	13 − 4

8

14 − 8	17 − 9
15 − 7	13 − 4

6

17 − 8	11 − 6
15 − 9	13 − 7

9

13 − 4	18 − 9
14 − 6	11 − 3

4

14 − 5	12 − 8
11 − 7	15 − 8

계산 결과가 같은 것끼리 선으로 이으세요.

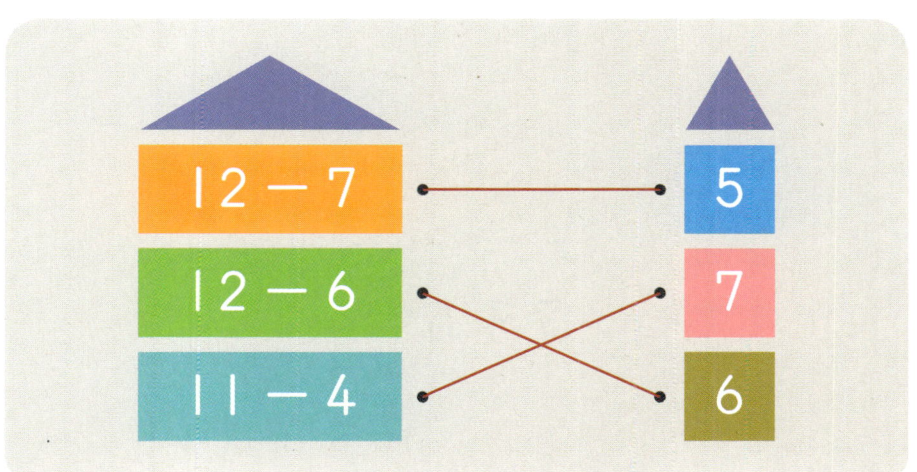

13 − 6 ·   · 9 ·   · 12 − 5
15 − 6 ·   · 8 ·   · 16 − 8
13 − 5 ·   · 7 ·   · 11 − 2

11 − 5 ·   · 4 ·   · 12 − 8
13 − 9 ·   · 6 ·   · 11 − 6
13 − 8 ·   · 5 ·   · 14 − 8

🔺 그림을 보고 덧셈을 하세요.

$$5 + 6 = \boxed{}$$

$$7 + 5 = \boxed{}$$

🔺 그림을 보고 뺄셈을 하세요.

$$13 - 5 = \boxed{}$$

$$15 - 8 = \boxed{}$$

🔺 그림을 보고 덧셈을 하세요.

$$5 + 8 = \boxed{}$$

$$7 + 6 = \boxed{}$$

🌲 그림을 보고 뺄셈을 하세요.

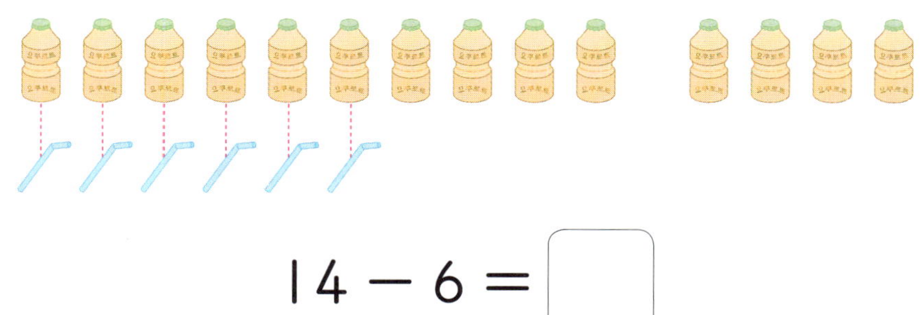

$$14 - 6 = \boxed{}$$

🌲 덧셈과 뺄셈을 하세요.

$$8 + 4 = \boxed{} \qquad 13 - 7 = \boxed{}$$

🌲 ◯ 안에는 + 또는 −, 🔵 에는 알맞은 수를 쓰세요.

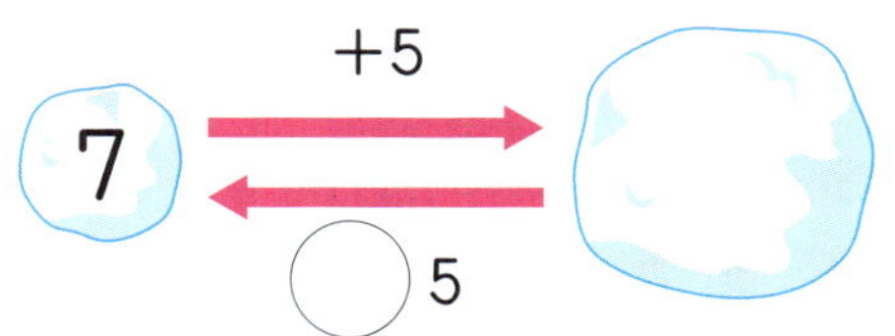

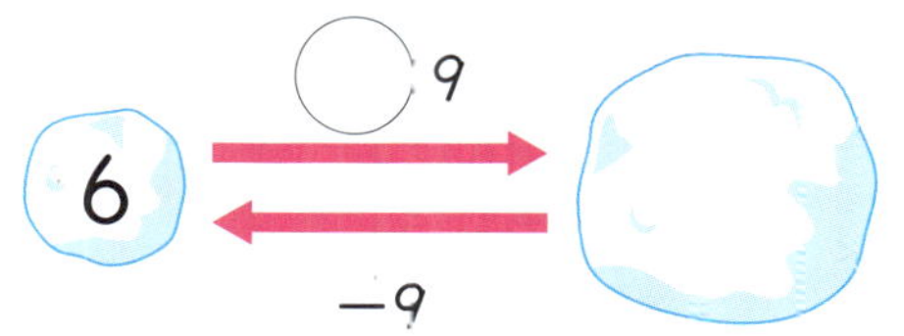

🌲 계산 결과가 🪧 안의 수가 되는 식을 모두 찾아 ◯표 하세요.

$8 + 9$	$9 + 7$
$6 + 8$	$8 + 8$

$13 - 6$	$16 - 9$
$15 - 7$	$14 - 8$

연산력 게임

QR코드를 찍으면 다양한 연산 게임을 할 수 있어요.

당근에 써 있는 두 수의 합을 구하면 얼마일까요?

아래쪽에서 찾아 손가락으로 끌어서 넣으세요.
11을 넣으면 정답입니다.

현수막에 써 있는 뺄셈을 해 보세요.

튜브에서 찾아 손가락으로 누르세요.
7을 누르면 정답입니다.

덧셈과 뺄셈의 관계

▶ 연산 보충 학습(104~105쪽)에서 더 풀어 보세요.

학부모 지도 가이드

이번 차시에서는 덧셈과 뺄셈의 관계를 배웁니다. 앞서 배운 +, −, =의 의미를 알게 하고 덧셈과 뺄셈의 관계를 이해시켜 주세요.

세 수가 덧셈과 뺄셈으로 이루어지는 수를 가족 수(fact family)라고 합니다. 세 수를 가족이라고 접근하여 이해시키면 좀 더 쉽고 재미있게 덧셈과 뺄셈의 관계를 배울 수 있습니다.

같은 수의 덧셈과 뺄셈

🌳 그림을 보고 계산을 하세요.

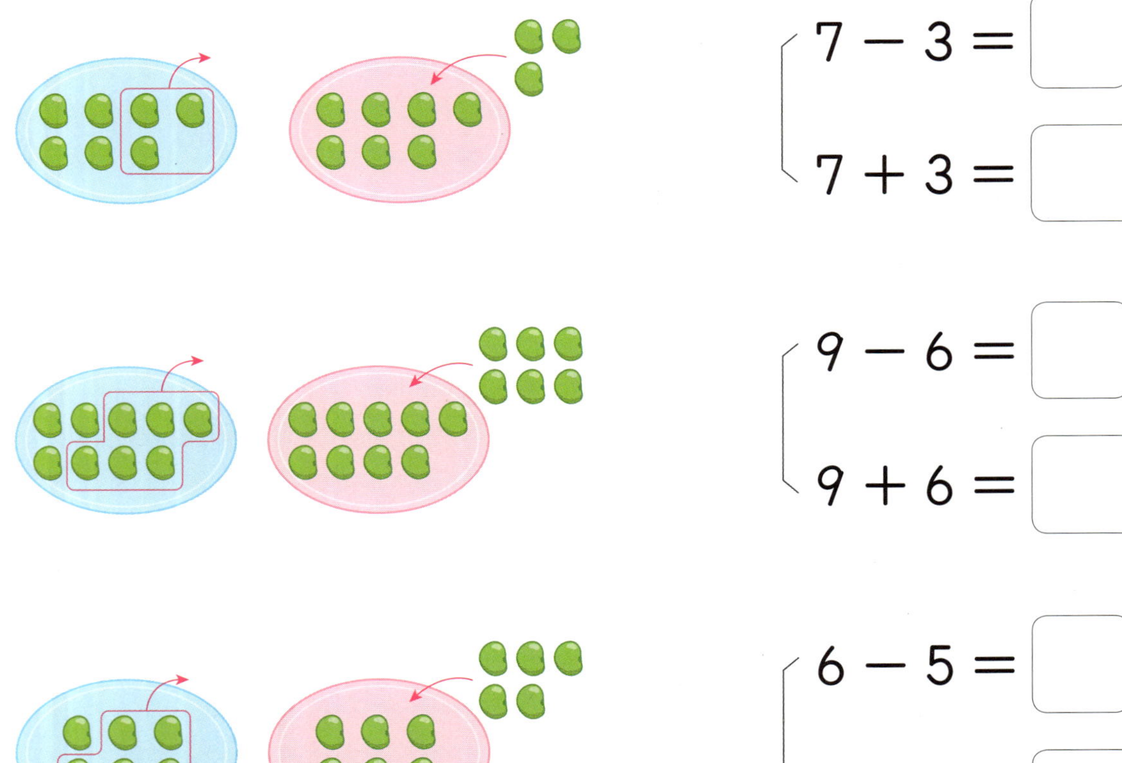

$$7 - 3 = \boxed{}$$

$$7 + 3 = \boxed{}$$

$$9 - 6 = \boxed{}$$

$$9 + 6 = \boxed{}$$

$$6 - 5 = \boxed{}$$

$$6 + 5 = \boxed{}$$

🌳 덧셈과 뺄셈을 하세요.

$$6 - 4 = \boxed{2}$$
$$6 + 4 = \boxed{10}$$

$$7 - 6 = \boxed{}$$
$$7 + 6 = \boxed{}$$

$$9 - 7 = \boxed{}$$
$$9 + 7 = \boxed{}$$

$$6 - 5 = \boxed{}$$
$$6 + 5 = \boxed{}$$

$$8 - 6 = \boxed{}$$
$$8 + 6 = \boxed{}$$

$$9 - 8 = \boxed{}$$
$$9 + 8 = \boxed{}$$

$$7 - 4 = \boxed{}$$
$$7 + 4 = \boxed{}$$

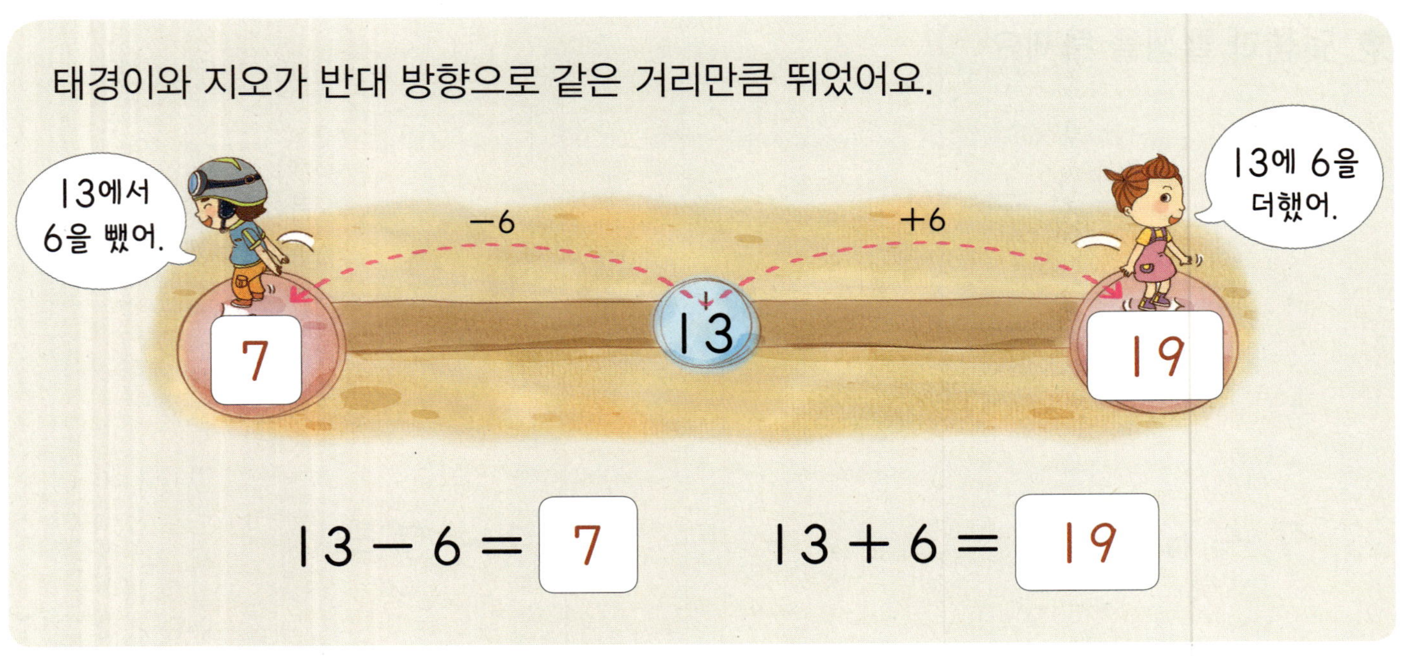

$$13 - 6 = \boxed{7} \qquad 13 + 6 = \boxed{19}$$

🌲 ☐ 안에 알맞은 수를 쓰세요.

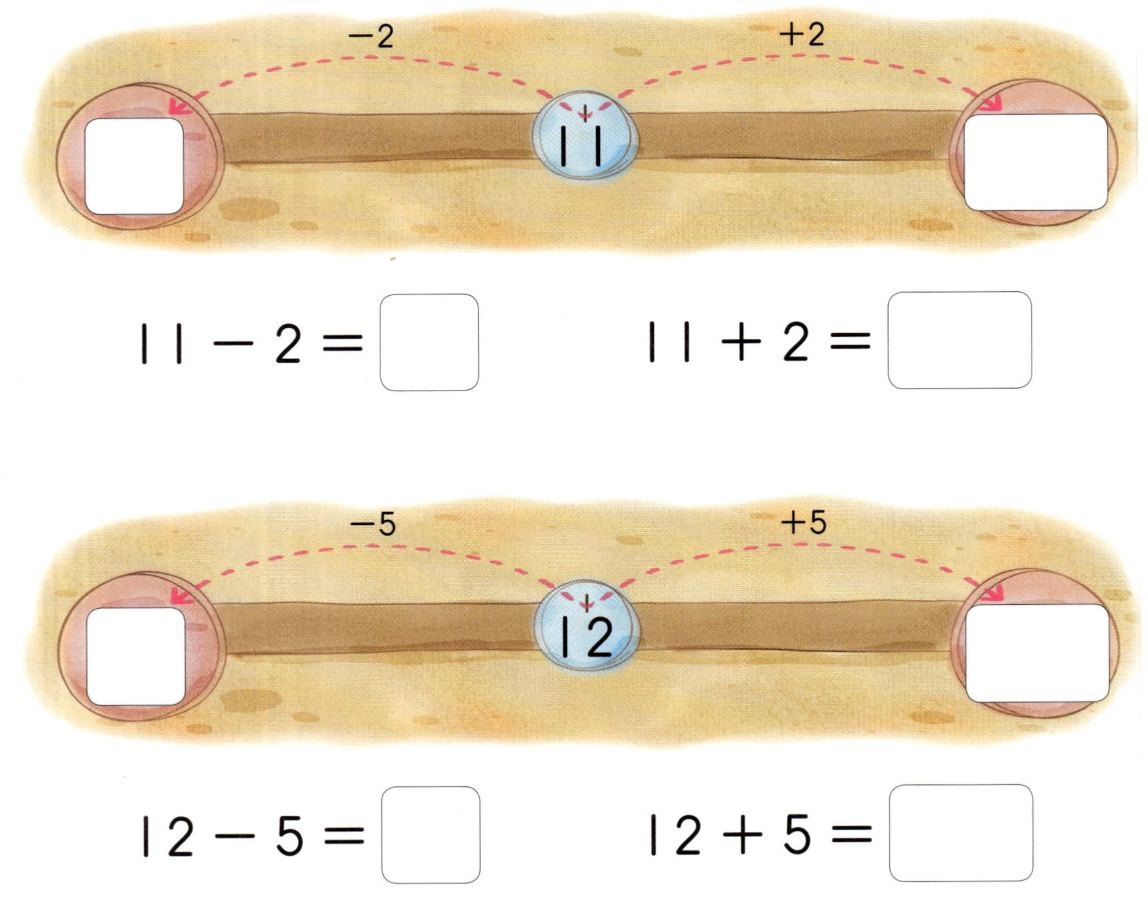

$$11 - 2 = \boxed{} \qquad 11 + 2 = \boxed{}$$

$$12 - 5 = \boxed{} \qquad 12 + 5 = \boxed{}$$

🌳 덧셈과 뺄셈을 하세요.

$$13 - 5 = \boxed{8}$$
$$13 + 5 = \boxed{18}$$

$$11 - 3 = \boxed{}$$
$$11 + 3 = \boxed{}$$

$$13 - 4 = \boxed{}$$
$$13 + 4 = \boxed{}$$

$$12 - 7 = \boxed{}$$
$$12 + 7 = \boxed{}$$

$$12 - 6 = \boxed{}$$
$$12 + 6 = \boxed{}$$

$$11 - 4 = \boxed{}$$
$$11 + 4 = \boxed{}$$

$$14 - 5 = \boxed{}$$
$$14 + 5 = \boxed{}$$

덧셈과 뺄셈의 관계

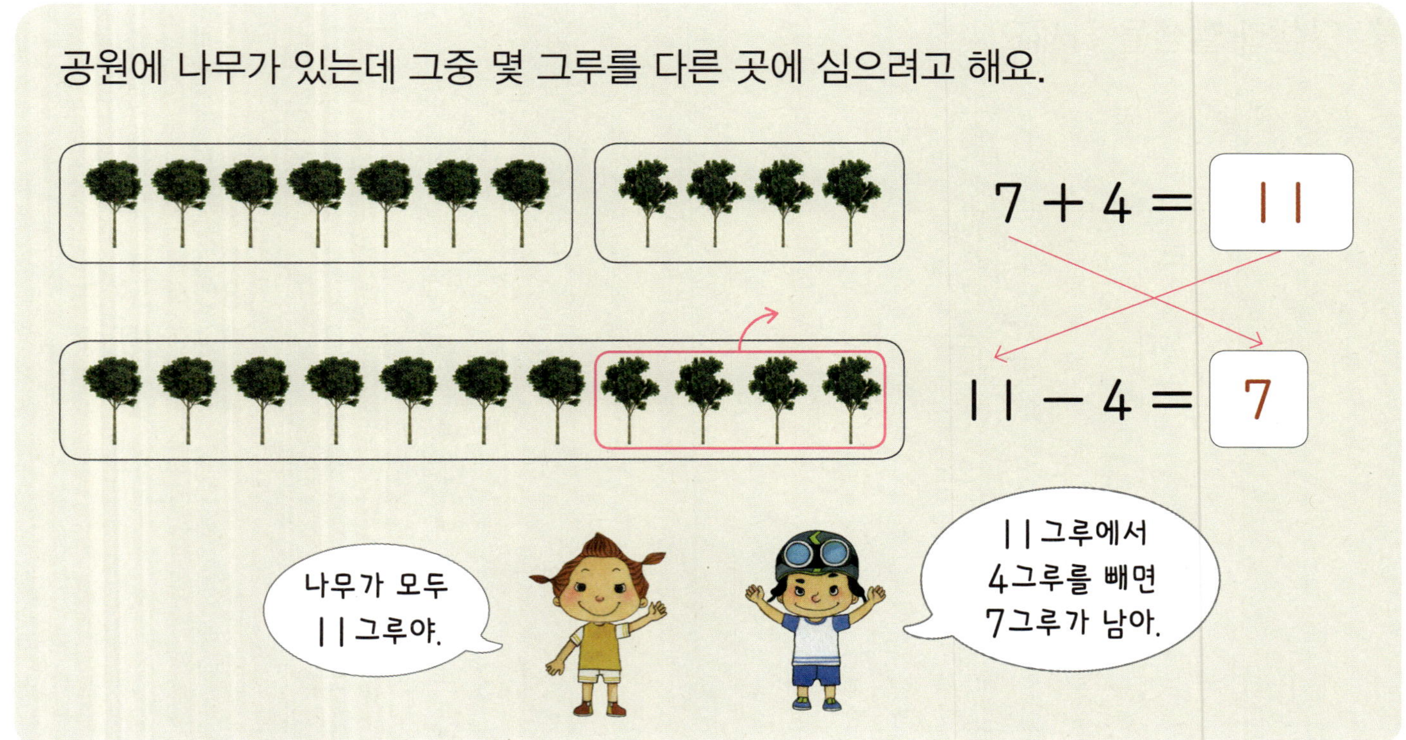

● 그림을 보고 ☐ 안에 알맞은 수를 쓰세요.

🌳 **덧셈과 뺄셈을 하세요.**

$$5 + 6 = \boxed{11}$$
$$11 - 6 = \boxed{5}$$

$$8 + 7 = \boxed{}$$
$$15 - 7 = \boxed{}$$

$$4 + 8 = \boxed{}$$
$$12 - 8 = \boxed{}$$

$$9 + 5 = \boxed{}$$
$$14 - 5 = \boxed{}$$

$$7 + 6 = \boxed{}$$
$$13 - 6 = \boxed{}$$

$$7 + 9 = \boxed{}$$
$$16 - 9 = \boxed{}$$

$$6 + 6 = \boxed{}$$
$$12 - 6 = \boxed{}$$

지오는 집에서 학교에 갔다가 다시 집으로 되돌아왔어요.

$$12 - 4 = \boxed{8}$$

$$8 + 4 = \boxed{12}$$

🌳 ☐ 안에 알맞은 수를 쓰세요.

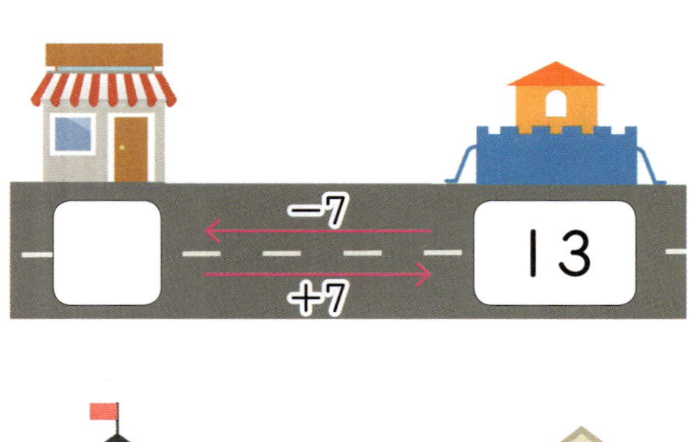

$$13 - 7 = \boxed{}$$

$$6 + 7 = \boxed{}$$

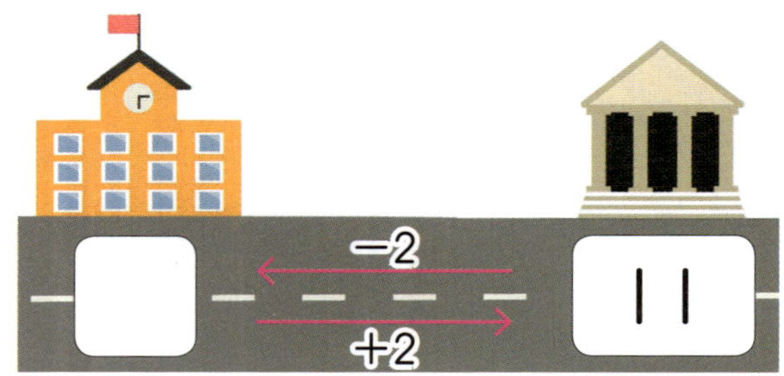

$$11 - 2 = \boxed{}$$

$$9 + 2 = \boxed{}$$

$$15 - 8 = \boxed{}$$

$$7 + 8 = \boxed{}$$

덧셈과 뺄셈을 하세요.

$$14 - 5 = \boxed{9}$$

$$9 + 5 = \boxed{14}$$

$$12 - 7 = \boxed{}$$

$$5 + 7 = \boxed{}$$

$$15 - 9 = \boxed{}$$

$$6 + 9 = \boxed{}$$

$$11 - 3 = \boxed{}$$

$$8 + 3 = \boxed{}$$

$$13 - 5 = \boxed{}$$

$$8 + 5 = \boxed{}$$

$$14 - 7 = \boxed{}$$

$$7 + 7 = \boxed{}$$

$$17 - 8 = \boxed{}$$

$$9 + 8 = \boxed{}$$

공부한 날

월

일

뺄셈식 만들기

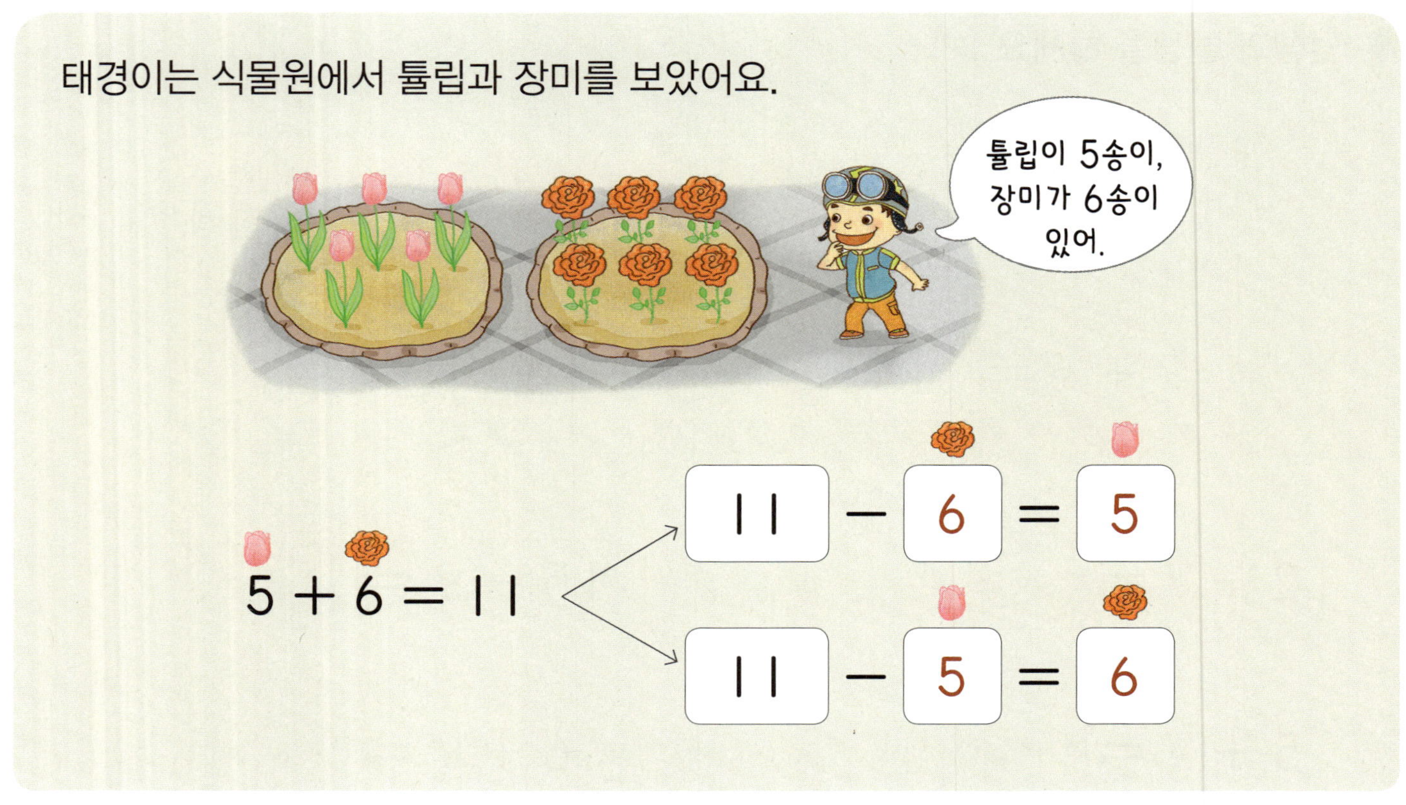

🌳 덧셈식을 보고 뺄셈식 2개를 만드세요.

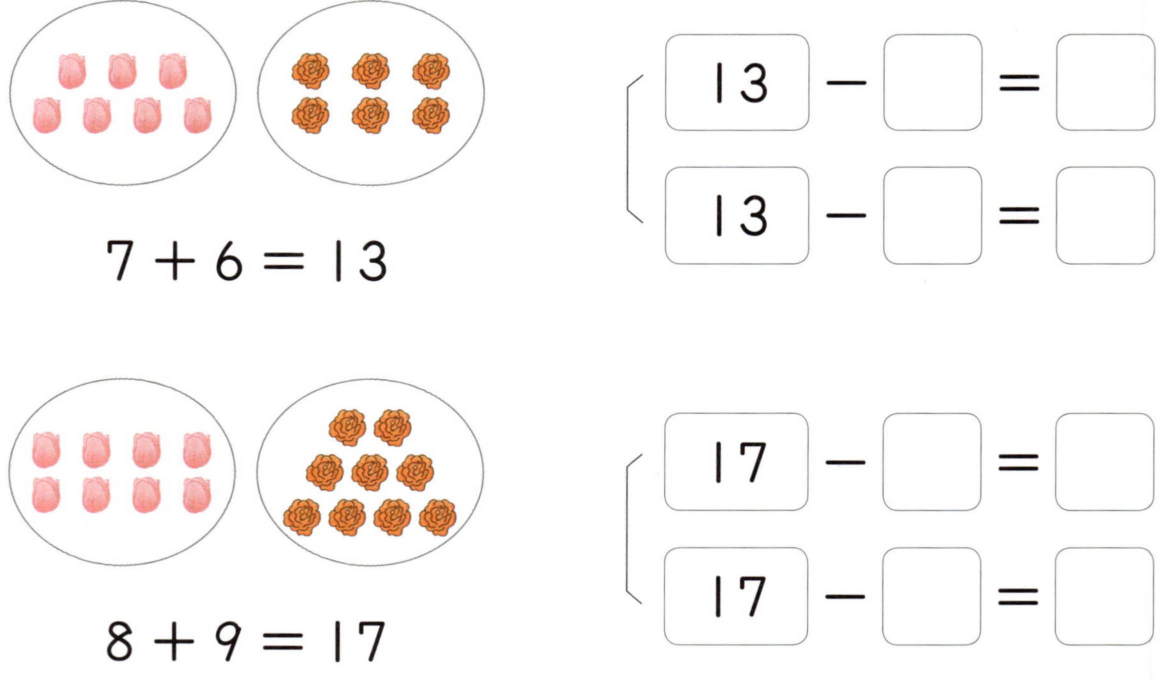

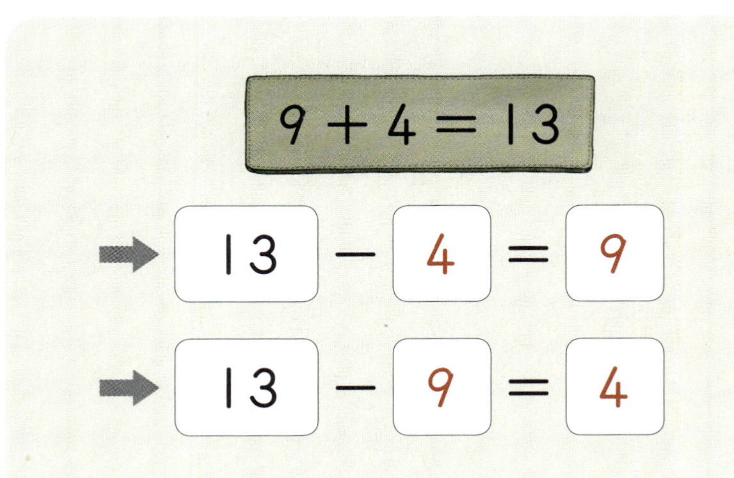

7 + 8 = 15

15 − □ = □

15 − □ = □

8 + 5 = 13

13 − □ = □

13 − □ = □

9 + 7 = 16

16 − □ = □

16 − □ = □

4 + 8 = 12

12 − □ = □

12 − □ = □

케이크를 이용해서 덧셈식을 뺄셈식으로 바꾸려고 해요.

$6 + 7 = 13$

$$13 - 7 = 6$$

$$13 - 6 = 7$$

🌳 그림을 보고 뺄셈식 2개를 만드세요.

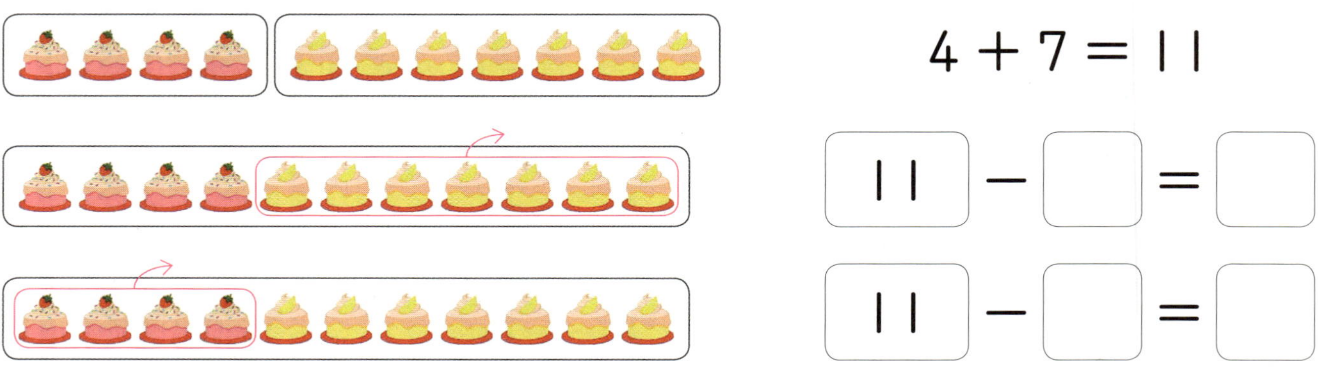

$4 + 7 = 11$

$$11 - \boxed{} = \boxed{}$$

$$11 - \boxed{} = \boxed{}$$

$8 + 4 = 12$

$$12 - \boxed{} = \boxed{}$$

$$12 - \boxed{} = \boxed{}$$

🌳 덧셈식을 보고 뺄셈식 2개를 만드세요.

9 + 3 = 12
➡ ☐ − ☐ = ☐
➡ ☐ − ☐ = ☐

8 + 6 = 14
➡ ☐ − ☐ = ☐
➡ ☐ − ☐ = ☐

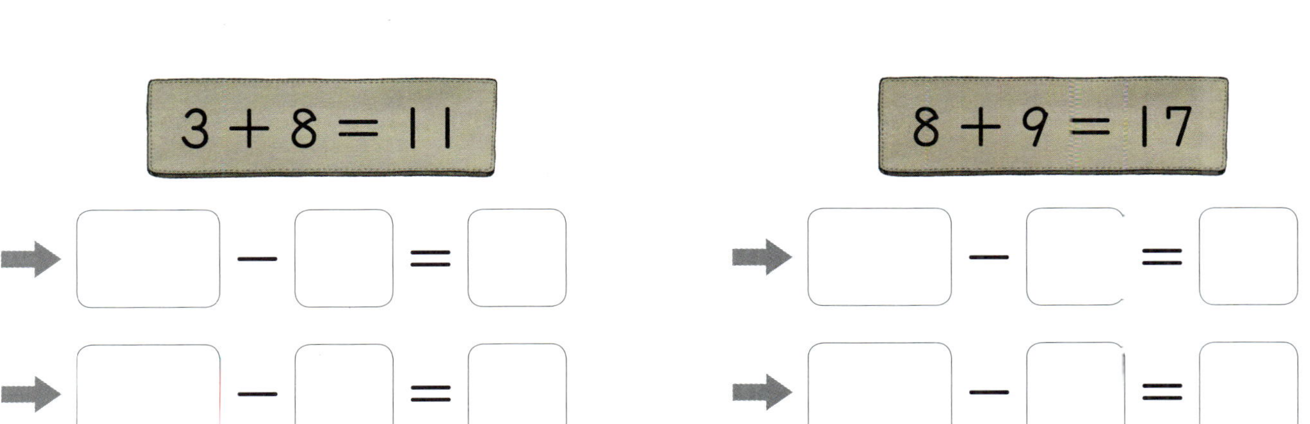

3 + 8 = 11
➡ ☐ − ☐ = ☐
➡ ☐ − ☐ = ☐

8 + 9 = 17
➡ ☐ − ☐ = ☐
➡ ☐ − ☐ = ☐

덧셈식 만들기

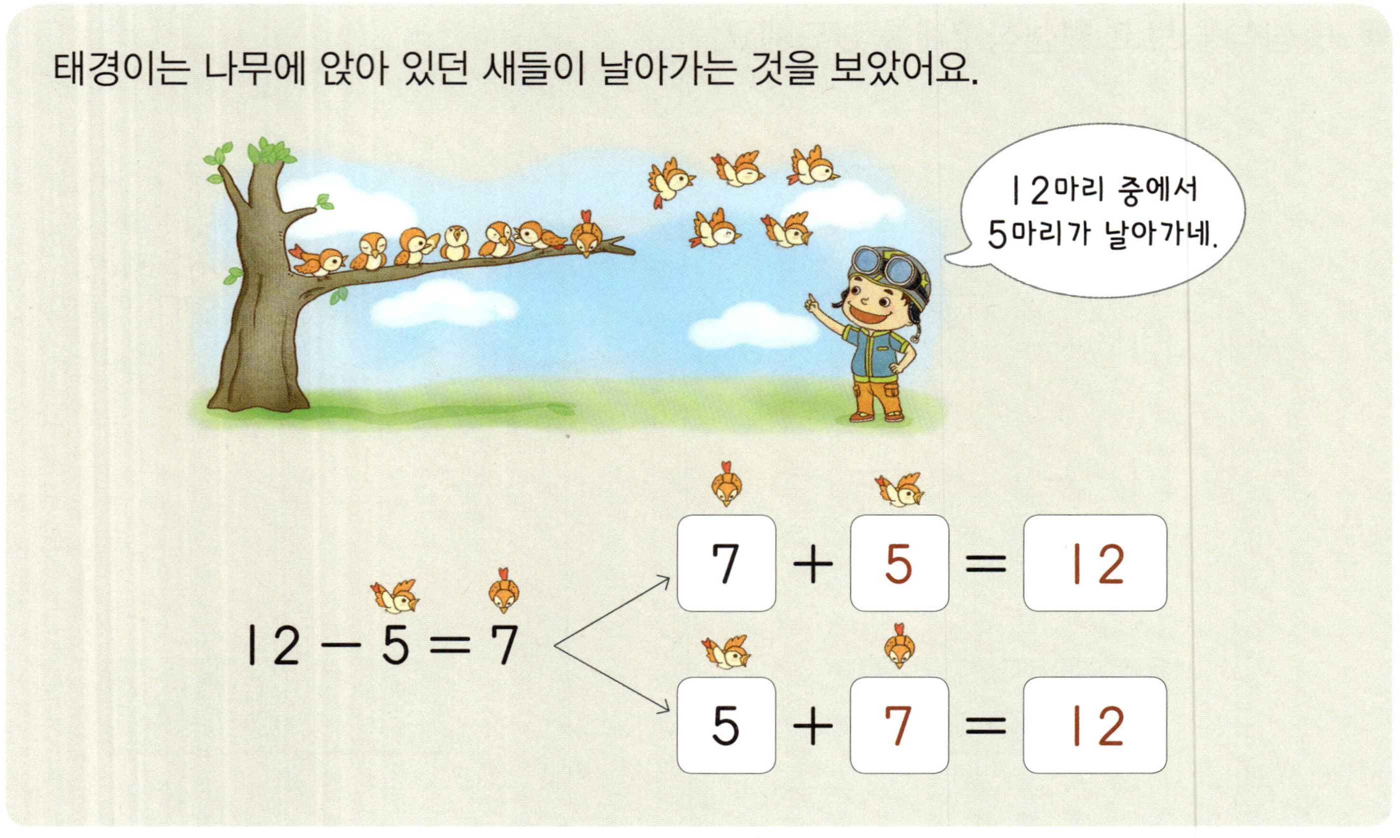

$$12 - 5 = 7$$

$$7 + 5 = 12$$

$$5 + 7 = 12$$

🌳 뺄셈식을 보고 덧셈식 2개를 만드세요.

$$14 - 6 = 8$$

$$8 + \boxed{} = \boxed{}$$

$$6 + \boxed{} = \boxed{}$$

$$13 - 4 = 9$$

$$9 + \boxed{} = \boxed{}$$

$$4 + \boxed{} = \boxed{}$$

빨셈식을 보고 덧셈식 2개를 만드세요.

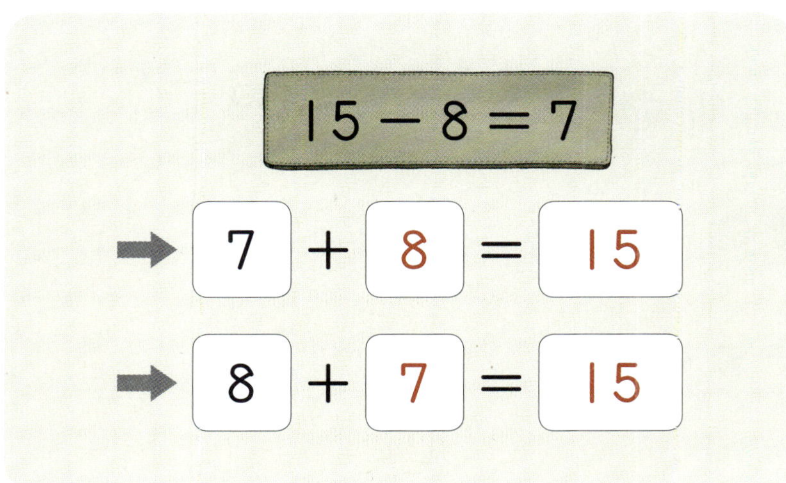

$$15 - 8 = 7$$

➡ $7 + 8 = 15$

➡ $8 + 7 = 15$

$$17 - 8 = 9$$

➡ $9 + \boxed{} = \boxed{}$

➡ $8 + \boxed{} = \boxed{}$

$$12 - 8 = 4$$

➡ $4 + \boxed{} = \boxed{}$

➡ $8 + \boxed{} = \boxed{}$

$$11 - 5 = 6$$

➡ $6 + \boxed{} = \boxed{}$

➡ $5 + \boxed{} = \boxed{}$

$$16 - 9 = 7$$

➡ $7 + \boxed{} = \boxed{}$

➡ $9 + \boxed{} = \boxed{}$

도토리와 밤을 이용해서 뺄셈식을 덧셈식으로 바꾸려고 해요.

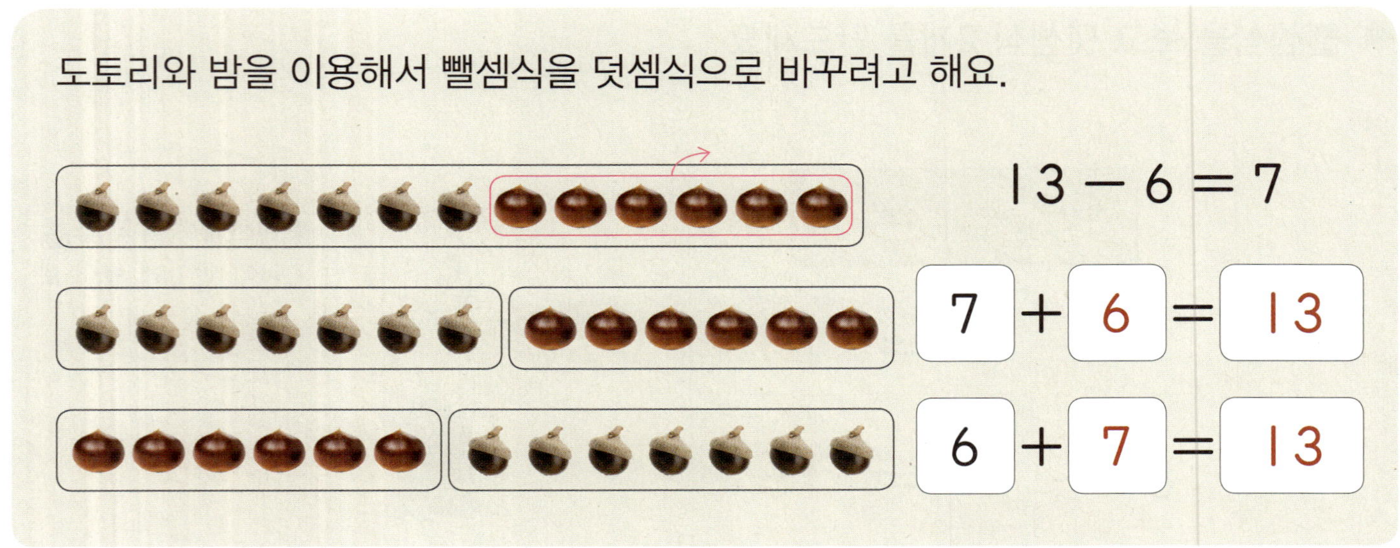

$$13 - 6 = 7$$

$$7 + 6 = 13$$

$$6 + 7 = 13$$

그림을 보고 덧셈식 2개를 만드세요.

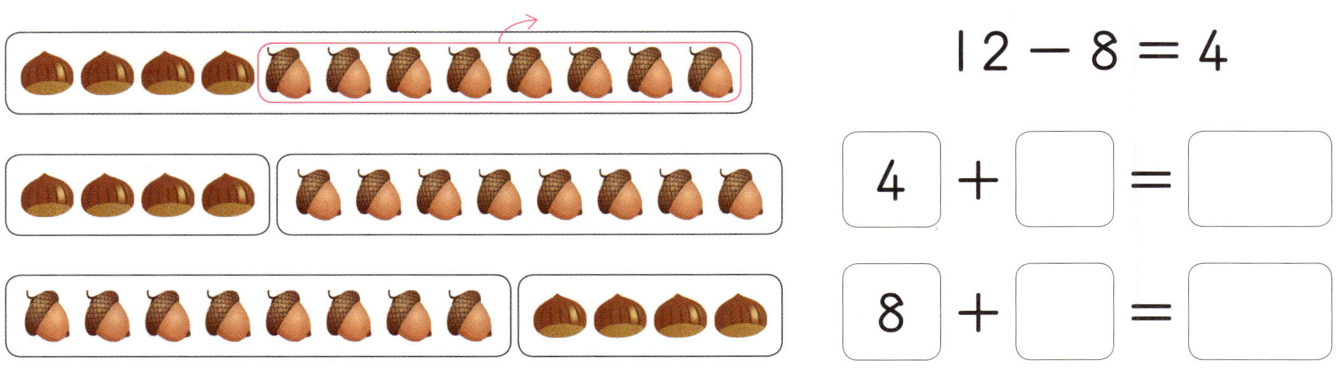

$$12 - 8 = 4$$

$$4 + \boxed{} = \boxed{}$$

$$8 + \boxed{} = \boxed{}$$

$$11 - 3 = 8$$

$$8 + \boxed{} = \boxed{}$$

$$3 + \boxed{} = \boxed{}$$

● 뺄셈식을 보고 덧셈식 2개를 만드세요.

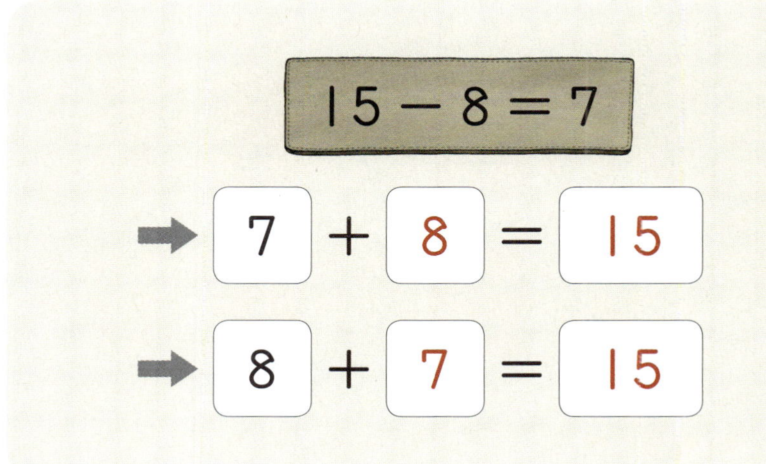

$$15 - 8 = 7$$

→ $7 + 8 = 15$

→ $8 + 7 = 15$

$$13 - 4 = 9$$

→ $9 + \boxed{} = \boxed{}$

→ $4 + \boxed{} = \boxed{}$

$$14 - 9 = 5$$

→ $5 + \boxed{} = \boxed{}$

→ $9 + \boxed{} = \boxed{}$

$$11 - 5 = 6$$

→ $6 + \boxed{} = \boxed{}$

→ $5 + \boxed{} = \boxed{}$

$$16 - 9 = 7$$

→ $7 + \boxed{} = \boxed{}$

→ $9 + \boxed{} = \boxed{}$

식 만들기

● 왼쪽 식을 보고 덧셈식 또는 뺄셈식 2개를 만드세요.

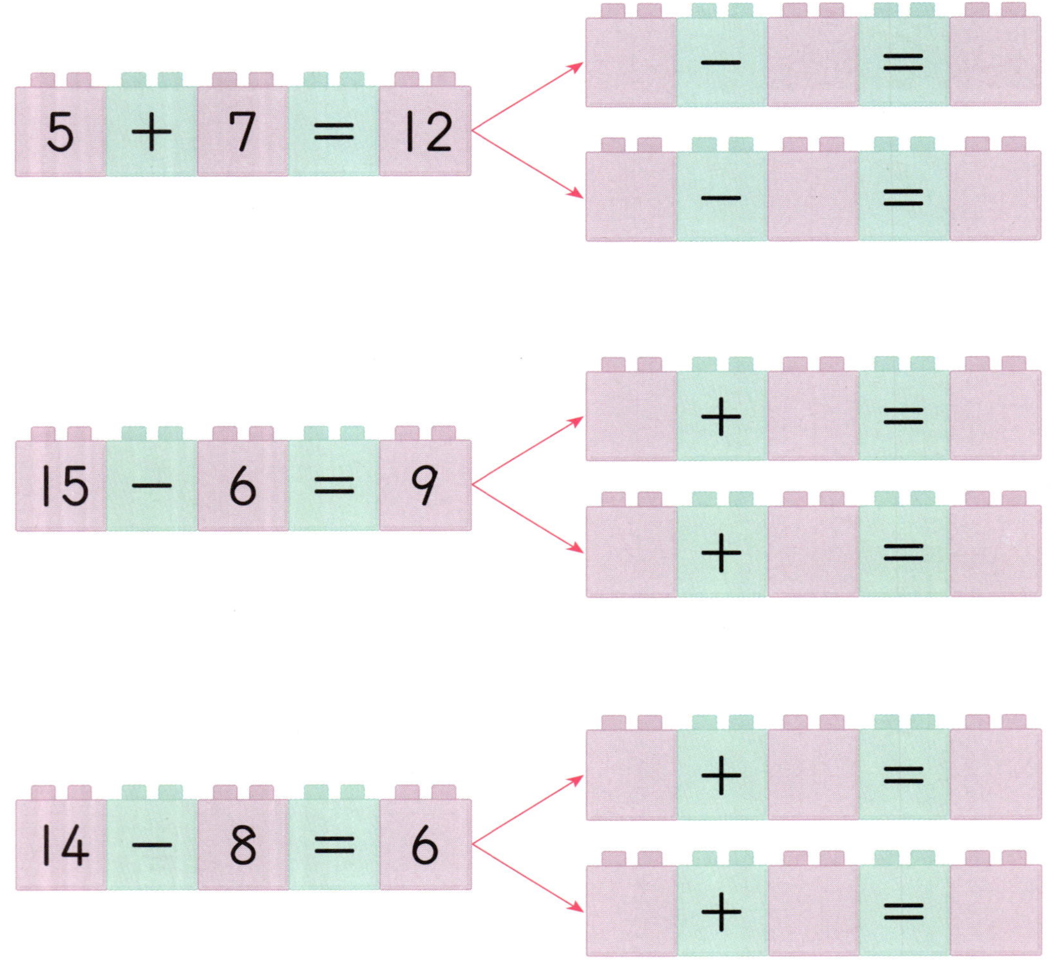

$$4 + 9 = 13$$

➡ ☐ − ☐ = ☐

➡ ☐ − ☐ = ☐

$$9 + 8 = 17$$

➡ ☐ − ☐ = ☐

➡ ☐ − ☐ = ☐

$$12 - 7 = 5$$

➡ ☐ + ☐ = ☐

➡ ☐ + ☐ = ☐

$$11 - 9 = 2$$

➡ ☐ + ☐ = ☐

➡ ☐ + ☐ = ☐

주어진 세 수로 덧셈식과 뺄셈식을 완성하면 자물쇠가 열려요.

12, 7, 5

5 + 7 = 12

12 − 7 = 5

12, 7, 5로 식을 만들면
7 + 5 = 12, 5 + 7 = 12,
12 − 7 = 5, 12 − 5 = 7

주어진 수만 사용하여 덧셈식과 뺄셈식을 완성하세요.

8, 14, 6

☐ + 6 = ☐

☐ − ☐ = 8

7, 9, 16

9 + ☐ = ☐

☐ − 9 = ☐

13, 5, 8

☐ + 5 = ☐

☐ − 5 = ☐

6, 15, 9

6 + ☐ = ☐

☐ − ☐ = 9

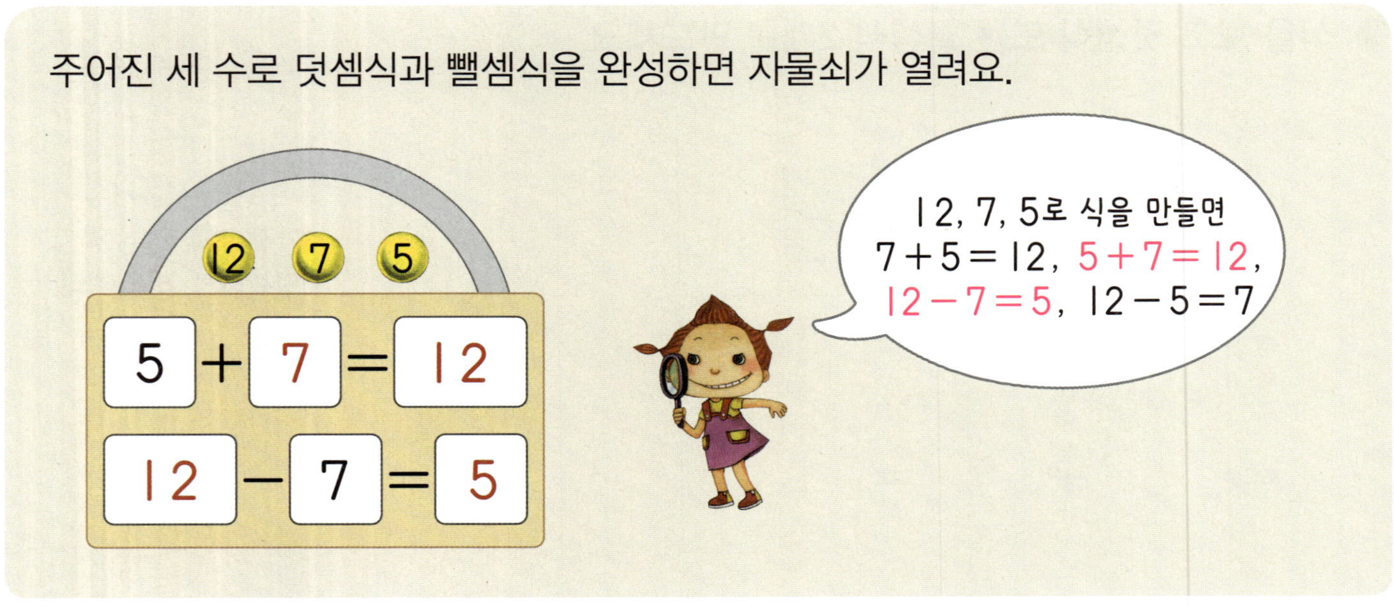

🌳 **주어진 수만 사용하여 덧셈식과 뺄셈식을 완성하세요.**

5   9   14

$5 + \boxed{} = \boxed{}$

$\boxed{} - 5 = \boxed{}$

8   15   7

$8 + \boxed{} = \boxed{}$

$\boxed{} - 8 = \boxed{}$

13   6   7

$6 + \boxed{} = \boxed{}$

$\boxed{} - 6 = \boxed{}$

3   8   11

$3 + \boxed{} = \boxed{}$

$\boxed{} - 3 = \boxed{}$

공부한 날
월
일

무엇을 배웠을까요

▲ ☐ 안에 알맞은 수를 쓰세요.

$$14 - 5 = \boxed{} \qquad 14 + 5 = \boxed{}$$

▲ ☐ 안에 알맞은 수를 쓰세요.

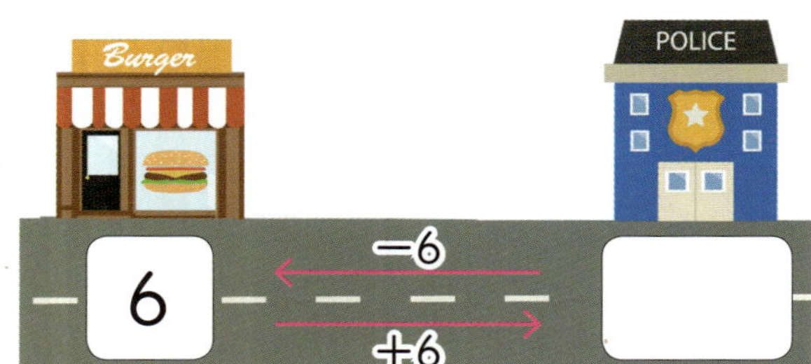

$$12 - 6 = \boxed{}$$
$$6 + 6 = \boxed{}$$

▲ 그림을 보고 뺄셈식 2개를 만드세요.

$$5 + 8 = 13$$

$$13 - \boxed{} = \boxed{}$$

$$13 - \boxed{} = \boxed{}$$

🔺 그림을 보고 덧셈식 2개를 만드세요.

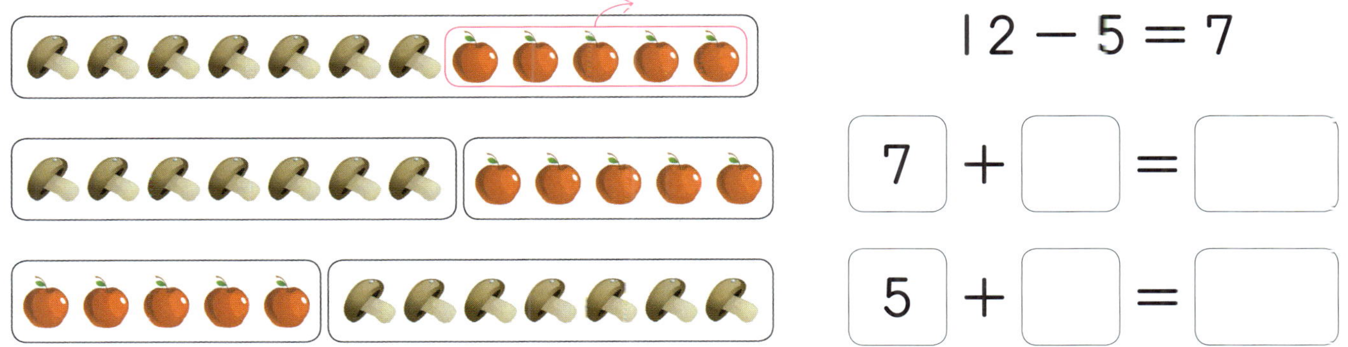

$$12 - 5 = 7$$

$7 + \boxed{} = \boxed{}$

$5 + \boxed{} = \boxed{}$

🔺 덧셈식을 보고 뺄셈식 2개를 만드세요.

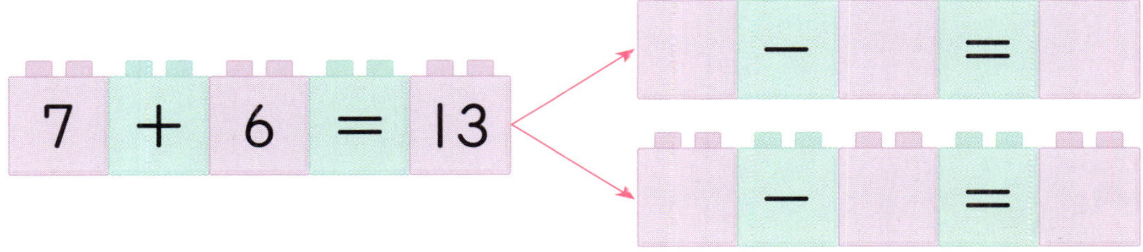

🔺 주어진 수만 사용하여 덧셈식과 뺄셈식을 완성하세요.

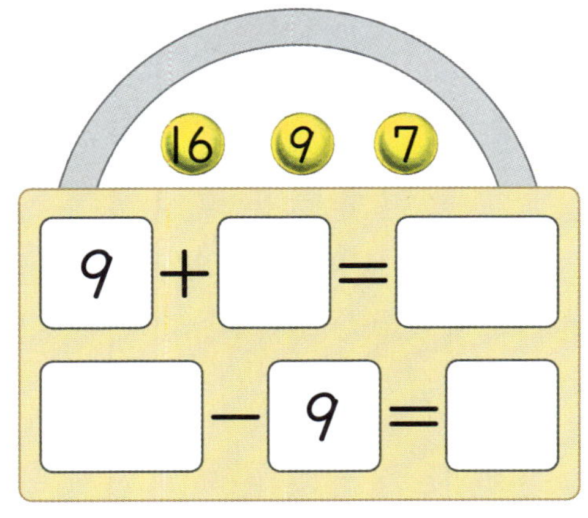

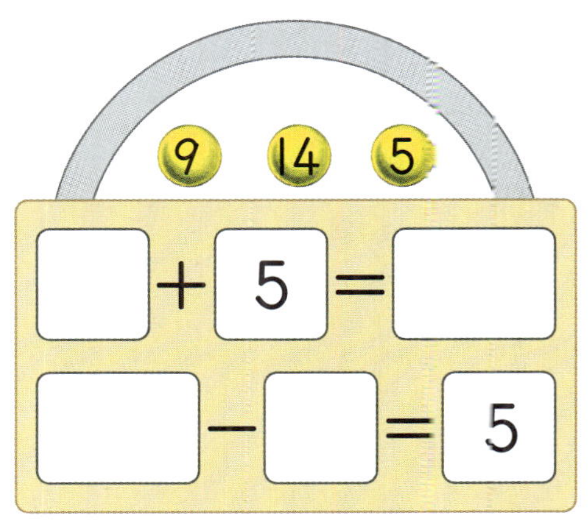

연산력 게임

QR코드를 찍으면 다양한 연산 게임을 할 수 있어요.

우리는 완두콩 가족

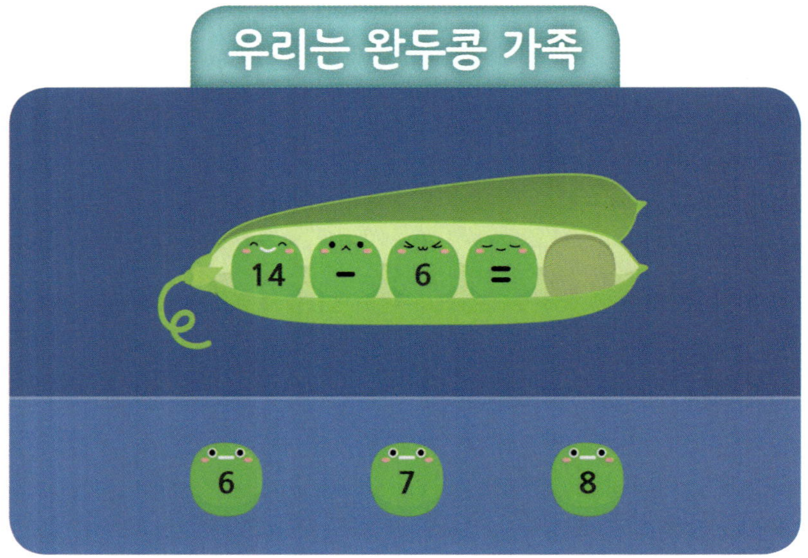

완두콩에 써 있는 뺄셈식을 계산해 보세요.

아래쪽에서 찾아 손가락으로 끌어서 넣으세요.
8을 넣으면 정답입니다.

저울 위의 구슬의 수의 합을 구해 보세요.

저울 눈금에서 찾아 화살표가 가리켜야 할 곳을 손가락으로 눌러 보세요.
14를 누르면 정답입니다.

공의 무게를 맞춰요

□가 있는 덧셈과 뺄셈

▶ 연산 보충 학습(106~107쪽)에서 더 풀어 보세요.

학부모 지도 가이드

이번 차시에서는 □가 있는 덧셈과 뺄셈을 배웁니다.

$$8 + \boxed{3} = 11 \qquad 13 - \boxed{5} = 8$$

덧셈식이나 뺄셈식의 중간에 어떤 수를 더해야 하는지 혹은 어떤 수를 빼야 하는지를 이해해야 하는데 이때 수직선 모델을 이용하면 아이들이 쉽게 이해할 수 있습니다. '8에서 몇 칸 더 가야 11이 될까?'와 '13에서 몇 칸 되돌아가야 8이 될까?'를 물어보면서 지도해 주세요.

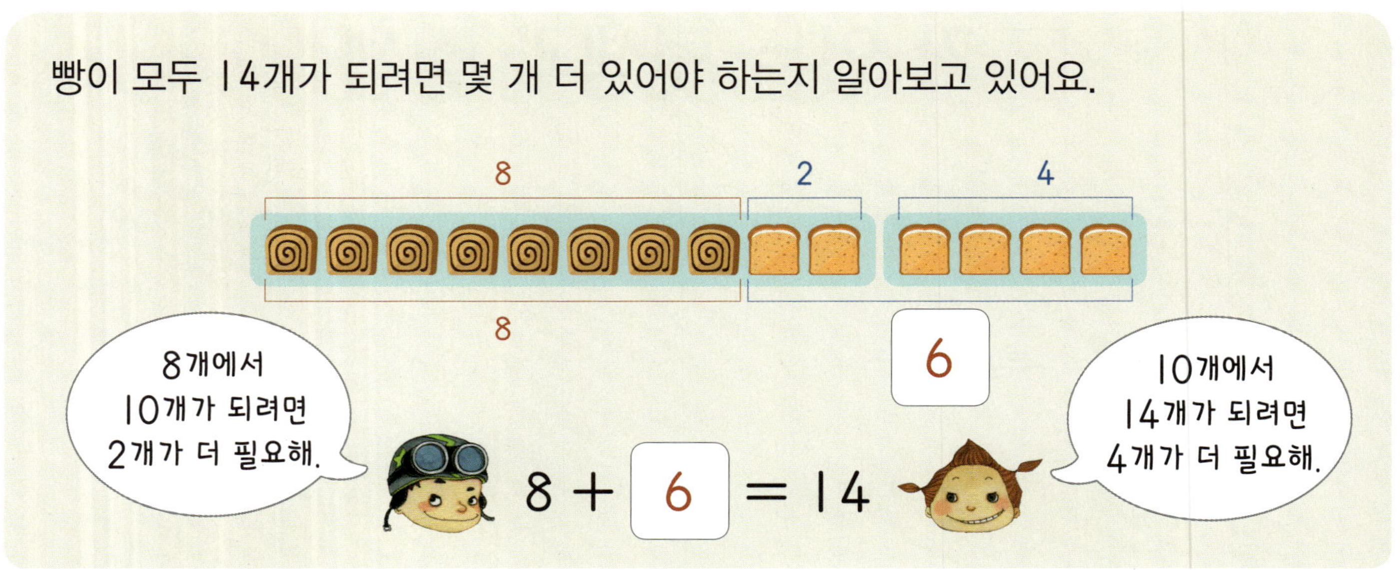

빵이 모두 14개가 되려면 몇 개 더 있어야 하는지 알아보고 있어요.

● 그림을 보고 ☐ 안에 알맞은 수를 쓰세요.

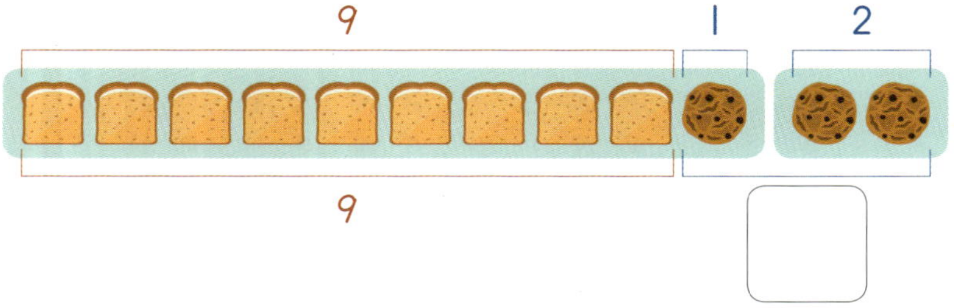

$$9 + \boxed{} = 12$$

$$7 + \boxed{} = 13$$

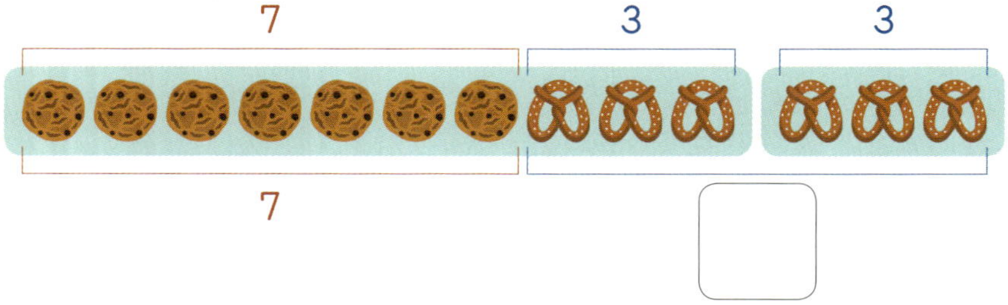

$$8 + \boxed{} = 15$$

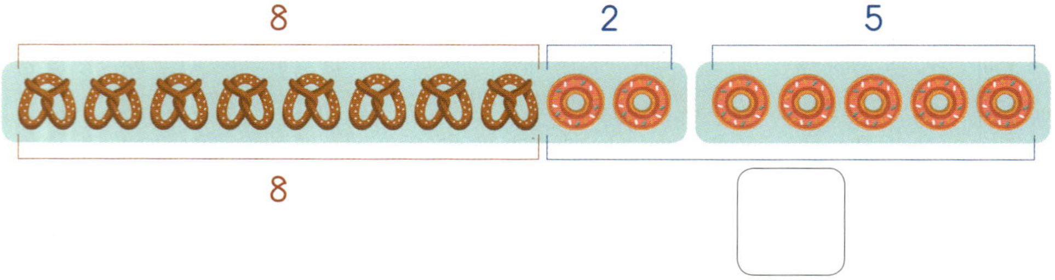

□ 안에 알맞은 수를 쓰세요.

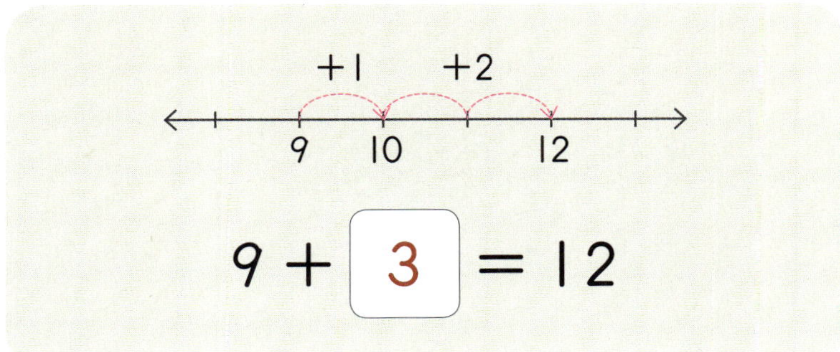
+1   +2
9   10   12
9 + 3 = 12

9에서 12가 되려면
3이 더 필요해.

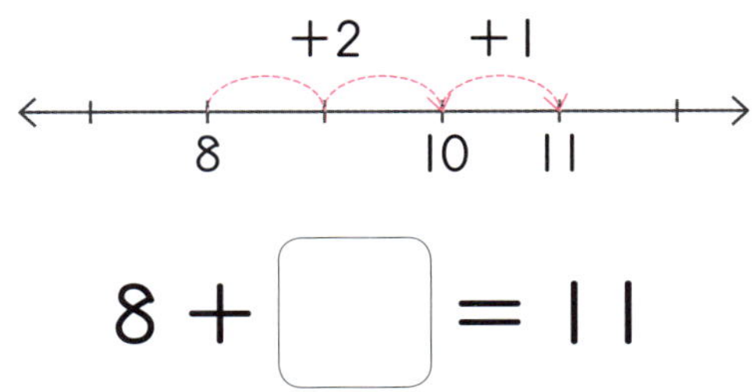
+2   +1
8   10   11
8 + □ = 11

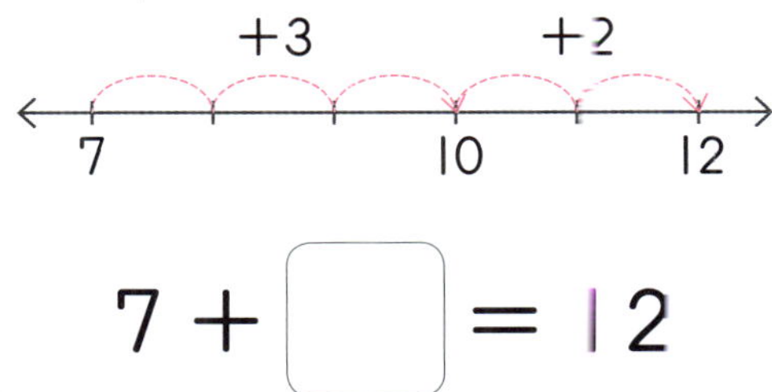
+3   +2
7   10   12
7 + □ = 12

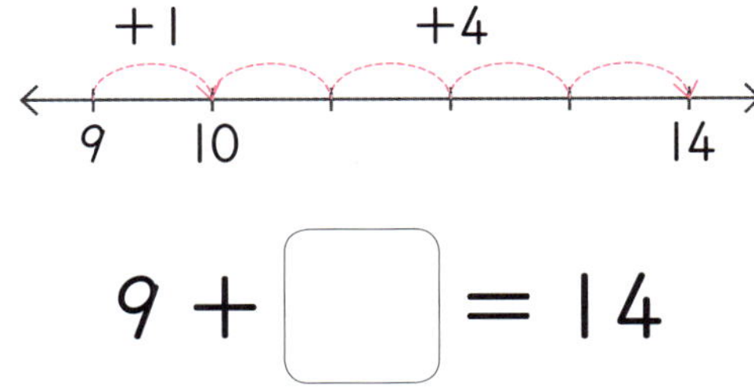
+1   +4
9   10   14
9 + □ = 14

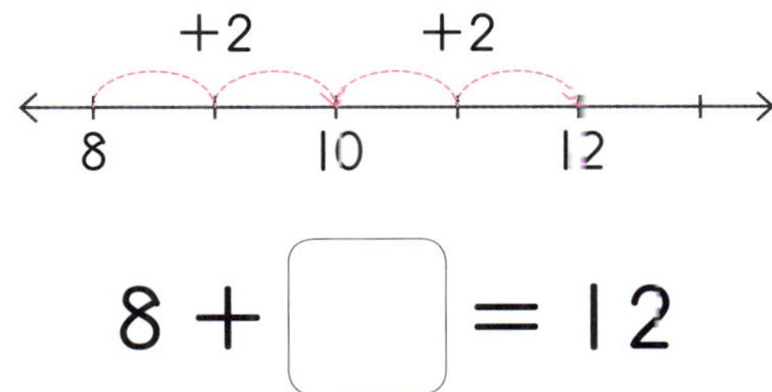
+2   +2
8   10   12
8 + □ = 12

+3   +3
7   10   13
7 + □ = 13

+4   +1
6   10   11
6 + □ = 11

하드가 모두 13개가 되려면 몇 개 더 있어야 하는지 알아보고 있어요.

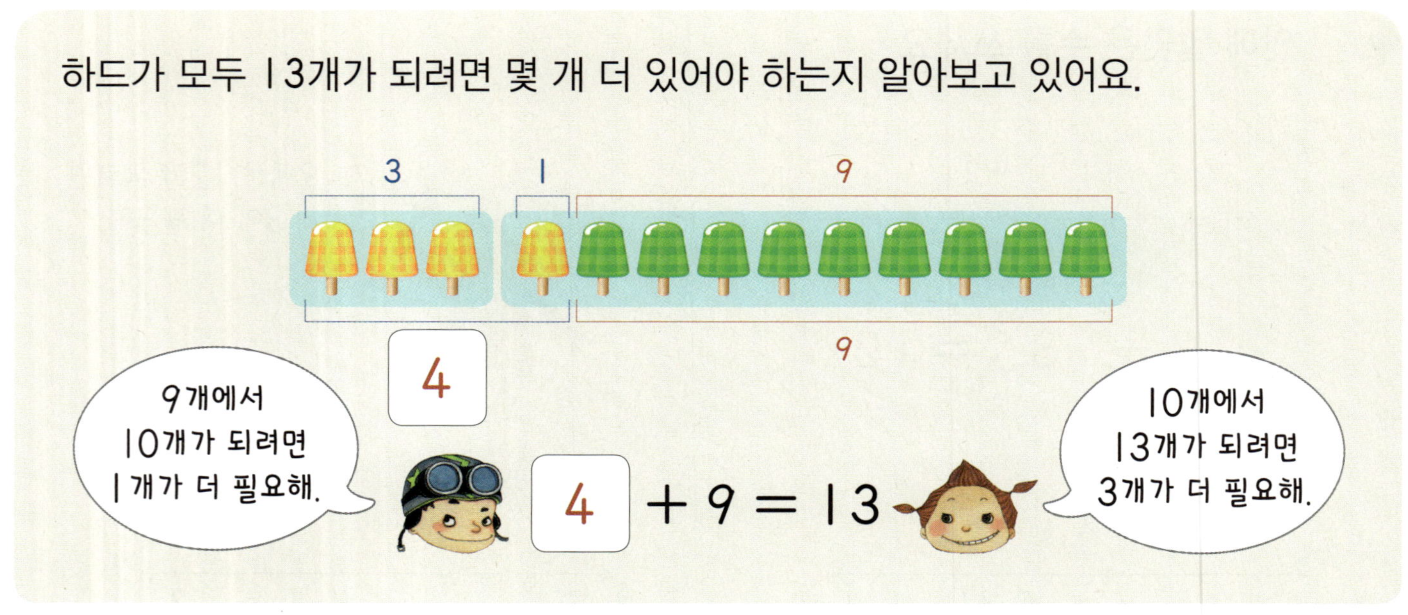

🌳 그림을 보고 ☐ 안에 알맞은 수를 쓰세요.

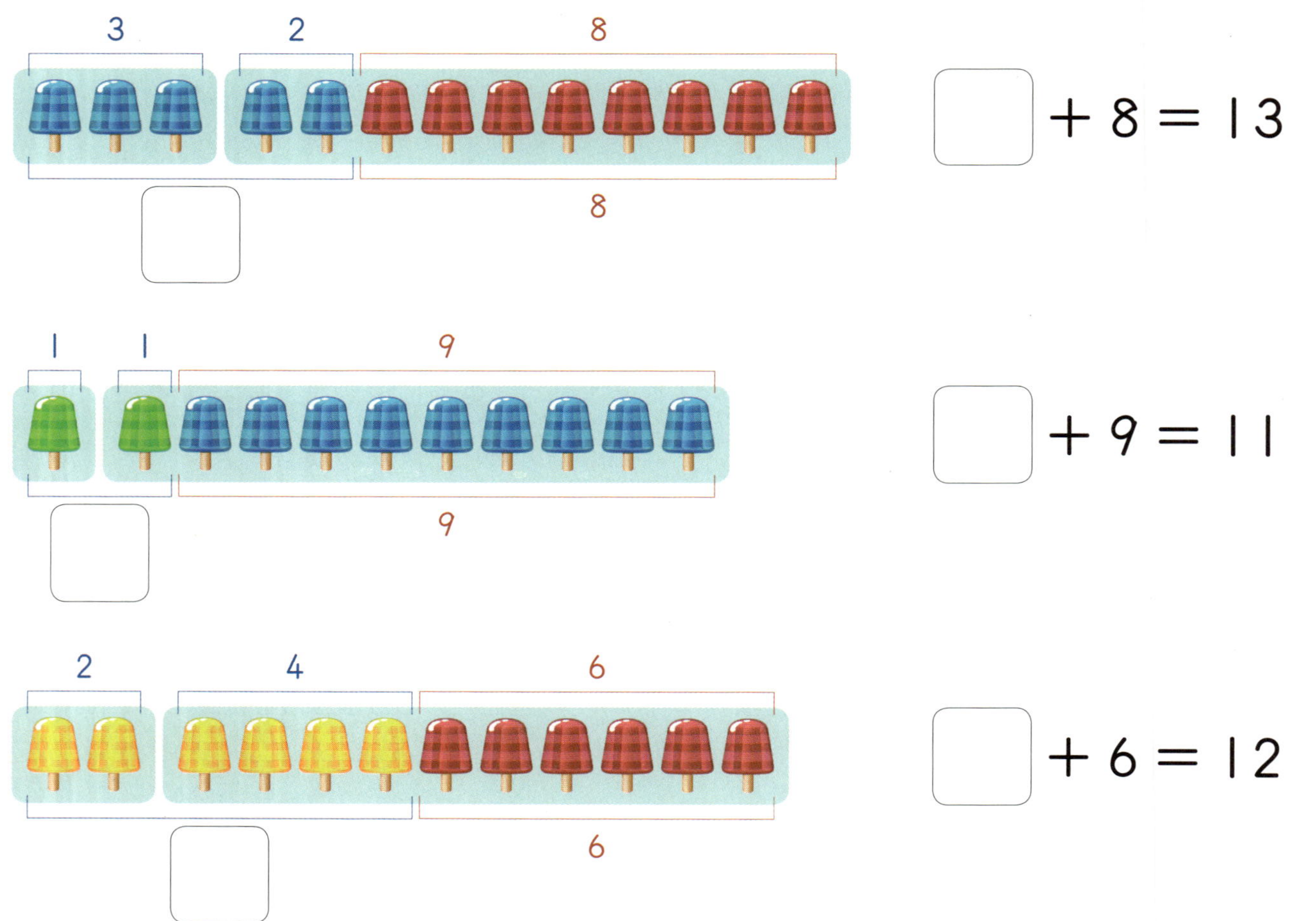

● ☐ 안에 알맞은 수를 쓰세요.

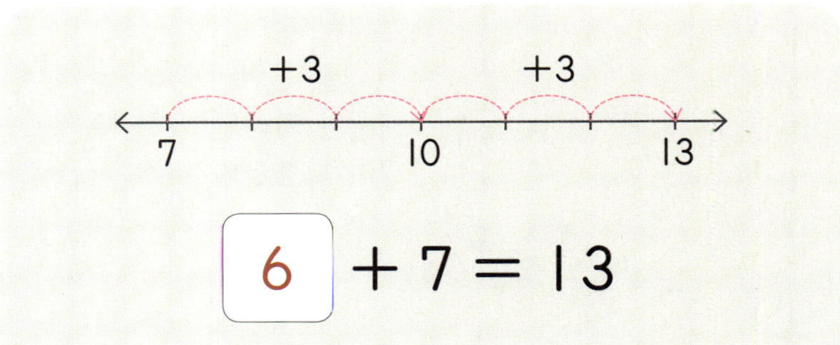

$$6 + 7 = 13$$

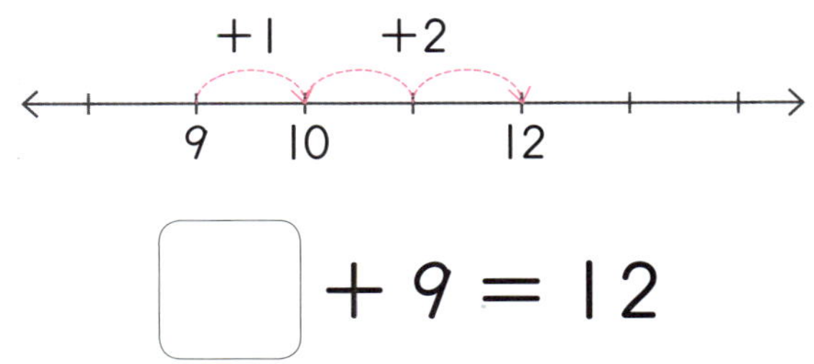

$$\boxed{} + 9 = 12$$

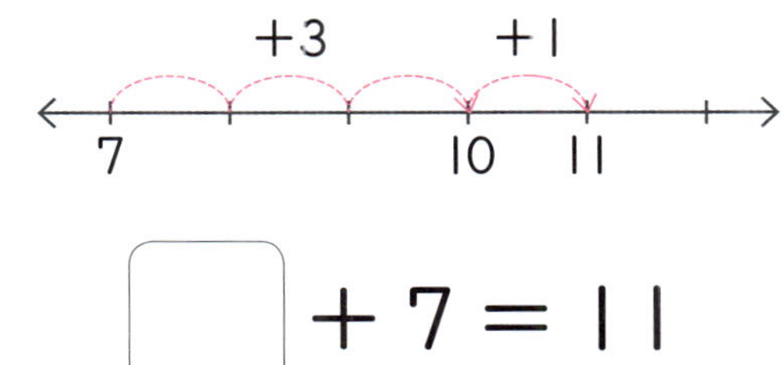

$$\boxed{} + 7 = 11$$

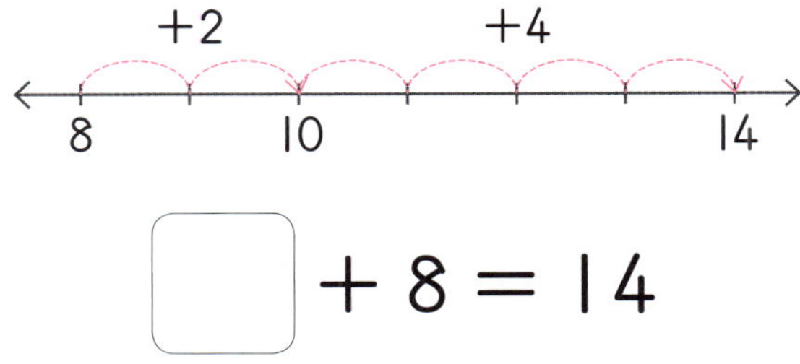

$$\boxed{} + 8 = 14$$

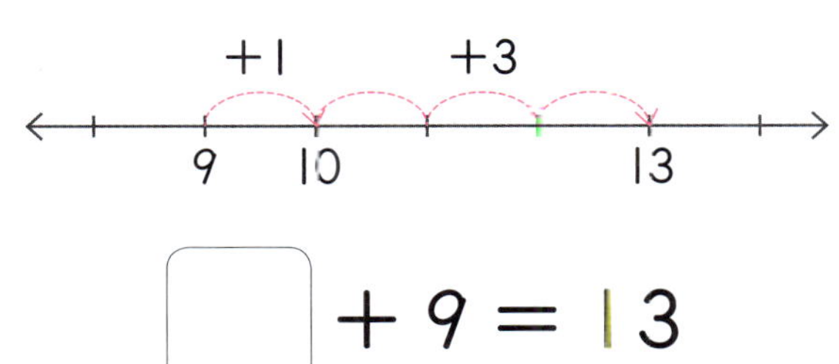

$$\boxed{} + 9 = 13$$

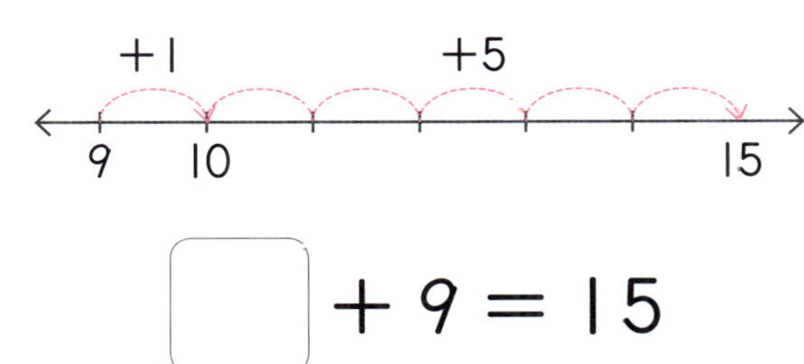

$$\boxed{} + 7 = 12$$

$$\boxed{} + 9 = 15$$

🌳 빈 곳에 알맞은 수를 쓰세요.

● □ 안에 알맞은 수를 쓰세요.

10
3 + 2 + 8 = 13   3 + 10 = 13

5 + 8 = 13

10
5 + ☐ + ☐ = 13

5 + ☐ = 13

10
6 + ☐ + ☐ = 11

6 + ☐ = 11

10
4 + ☐ + ☐ = 12

4 + ☐ = 12

10
☐ + ☐ + 7 = 14

☐ + 7 = 14

10
☐ + ☐ + 7 = 15

☐ + 7 = 15

10
☐ + ☐ + 9 = 17

☐ + 9 = 17

자동차는 올바른 식이 되는 길로 가야만 해요.

🌳 올바른 식이 되도록 선을 그으세요.

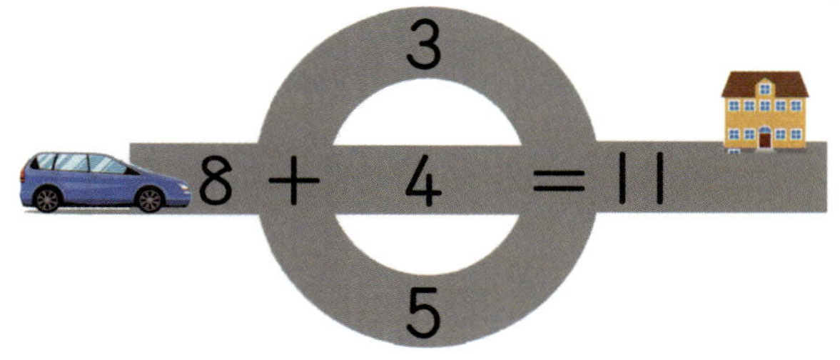

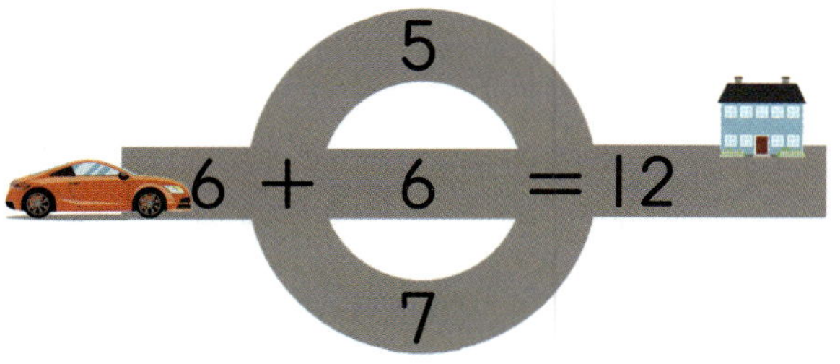

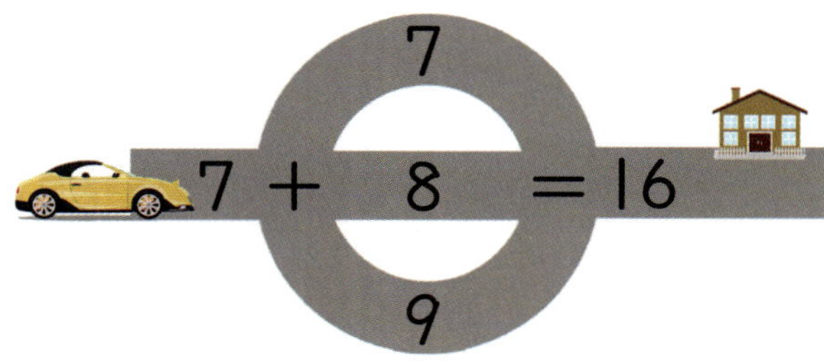

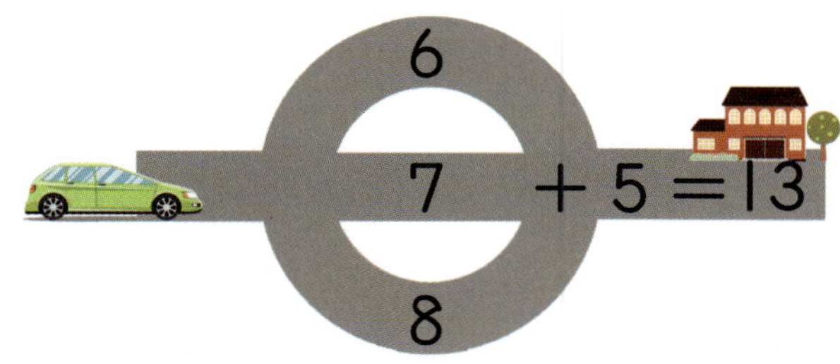

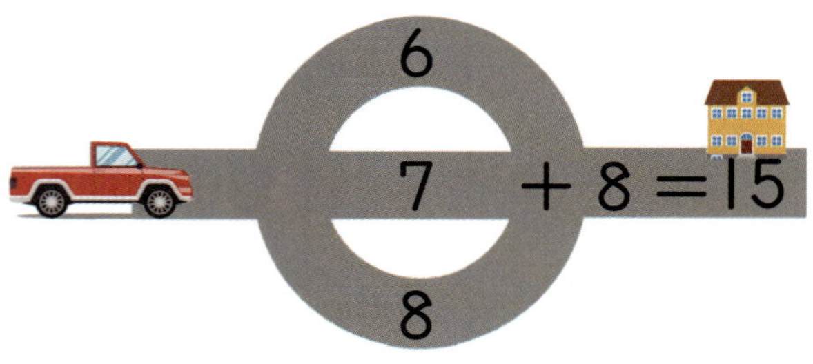

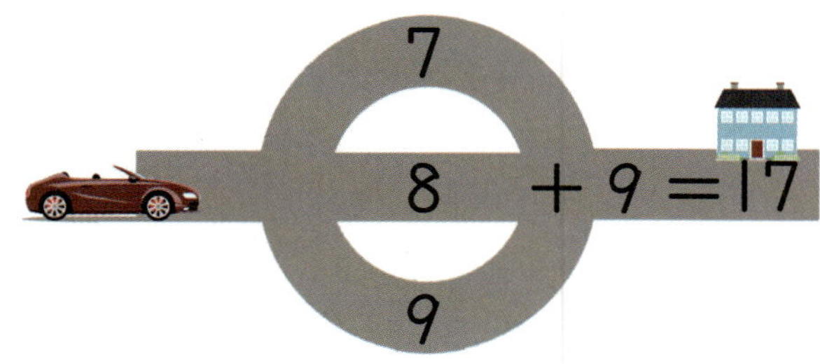

● ◯ 안에 알맞은 수를 쓰세요.

$6 + \boxed{} = 13$

$9 + \boxed{} = 11$

$8 + \boxed{} = 16$

$9 + \boxed{} = 15$

$\boxed{} + 3 = 11$

$\boxed{} + 5 = 12$

$\boxed{} + 8 = 17$

$\boxed{} + 8 = 13$

그림 뺄셈

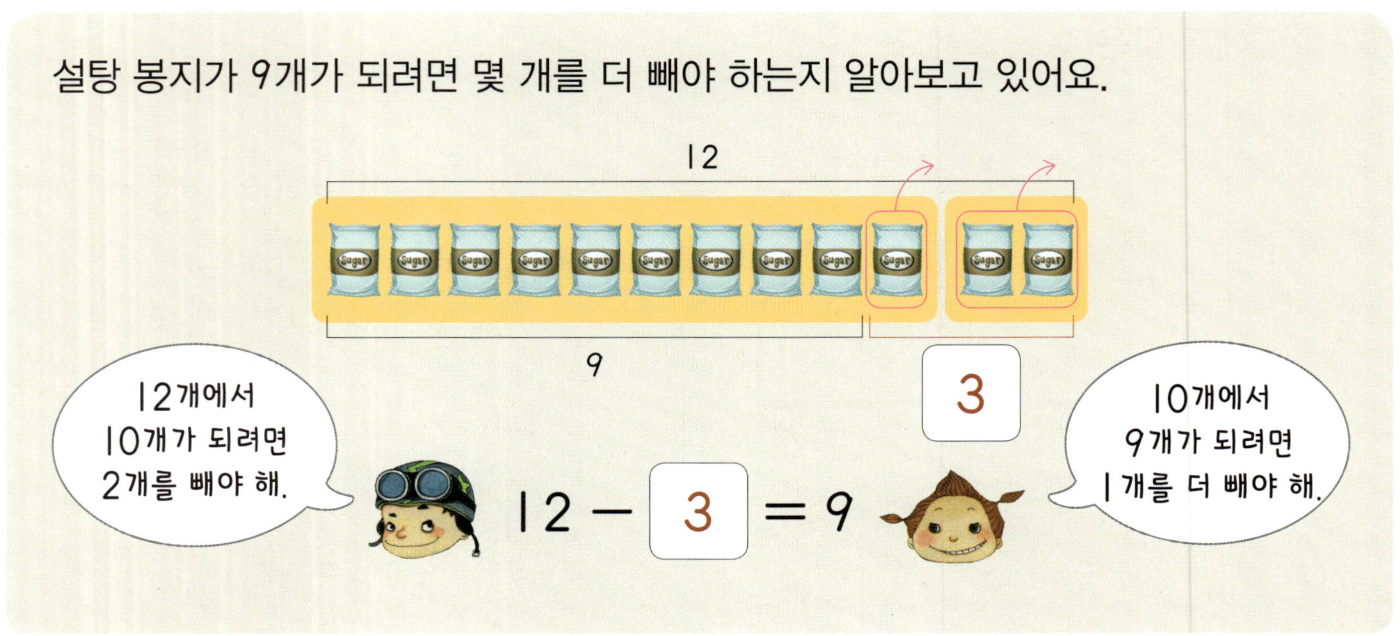

● 그림을 보고 ◻ 안에 알맞은 수를 쓰세요.

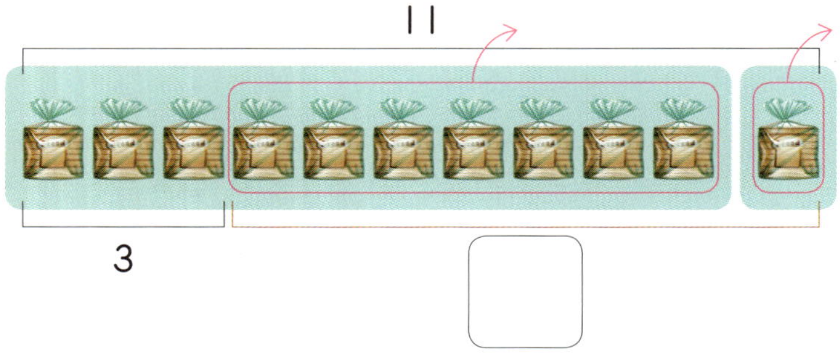

11

3

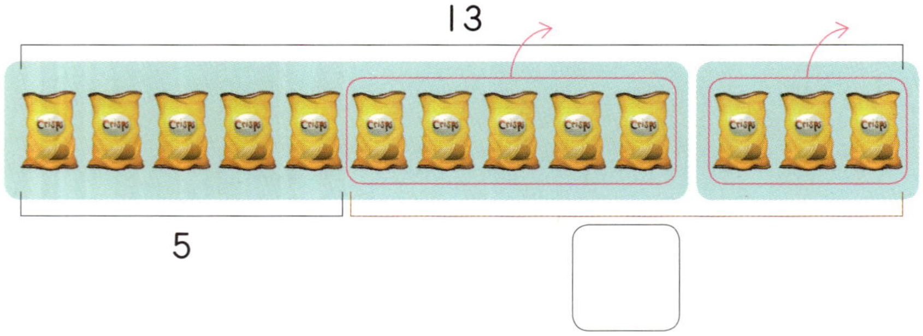

$11 - \boxed{} = 3$

13

5

$13 - \boxed{} = 5$

15

8

$15 - \boxed{} = 8$

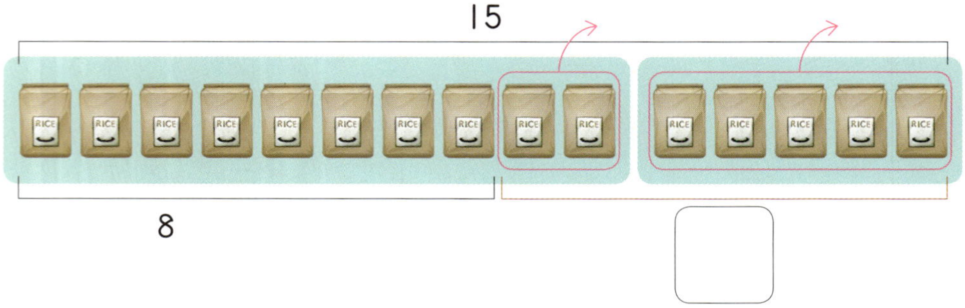

□ 안에 알맞은 수를 쓰세요.

−2   −1
8   10 11
11 − 3 = 8

1을 빼고
2를 더 빼면
3을 빼는 거와
같아.

−1   −2
9 10   12
12 − □ = 9

−1   −4
9 10   14
14 − □ = 9

−2   −3
8   10   13
13 − □ = 8

−2   −2
8   10   12
12 − □ = 8

−4   −1
6   10 11
11 − □ = 6

−3   −3
7   10   13
13 − □ = 7

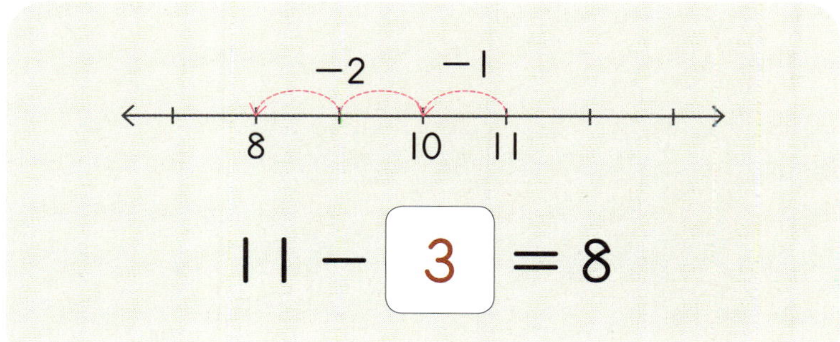

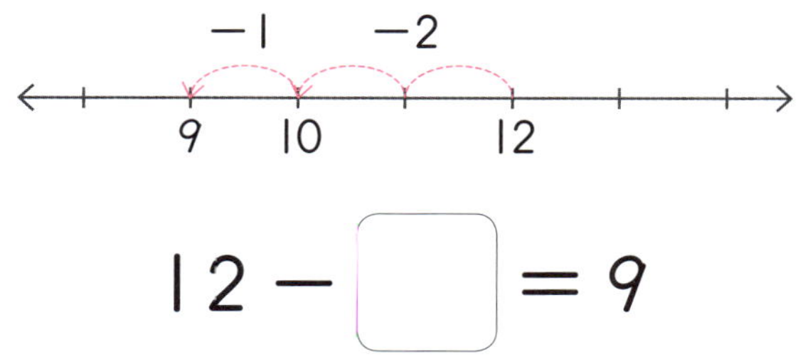

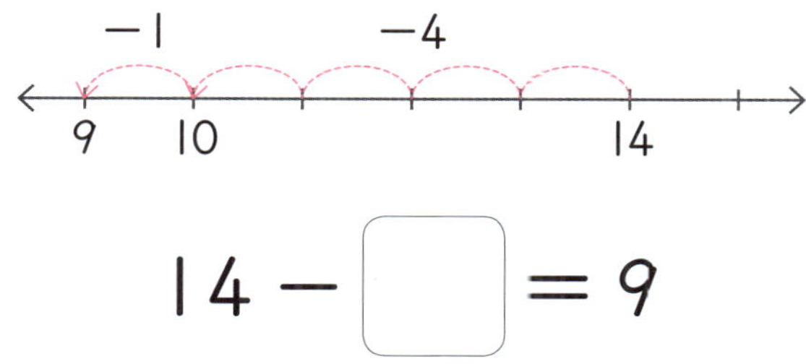

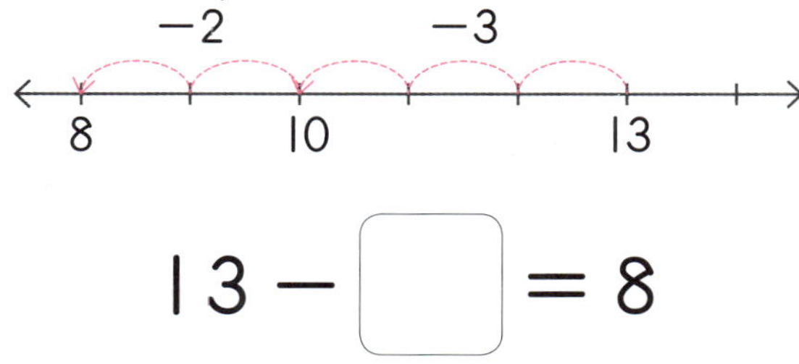

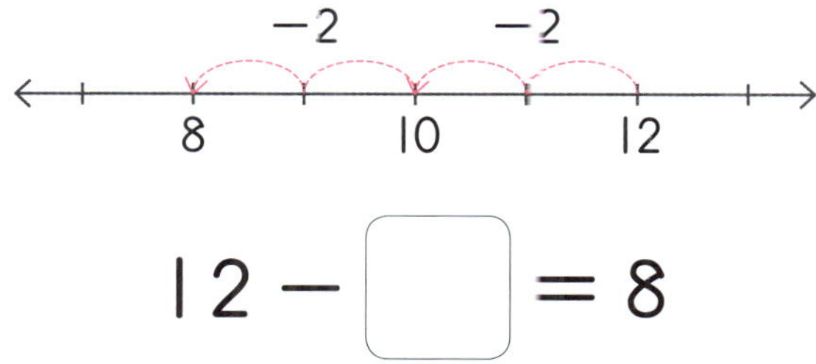

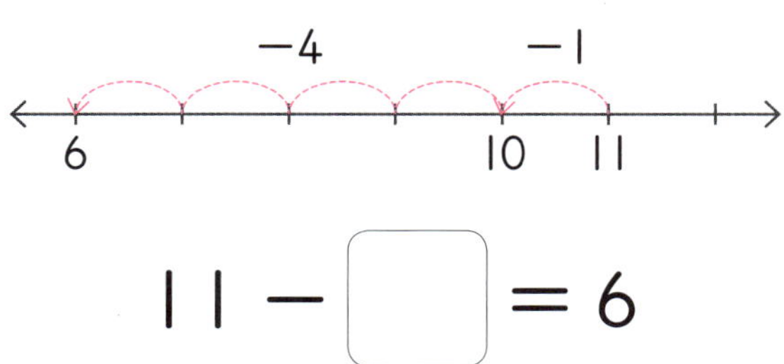

빵이 처음에 몇 개 있었는지 알아보려고 해요.

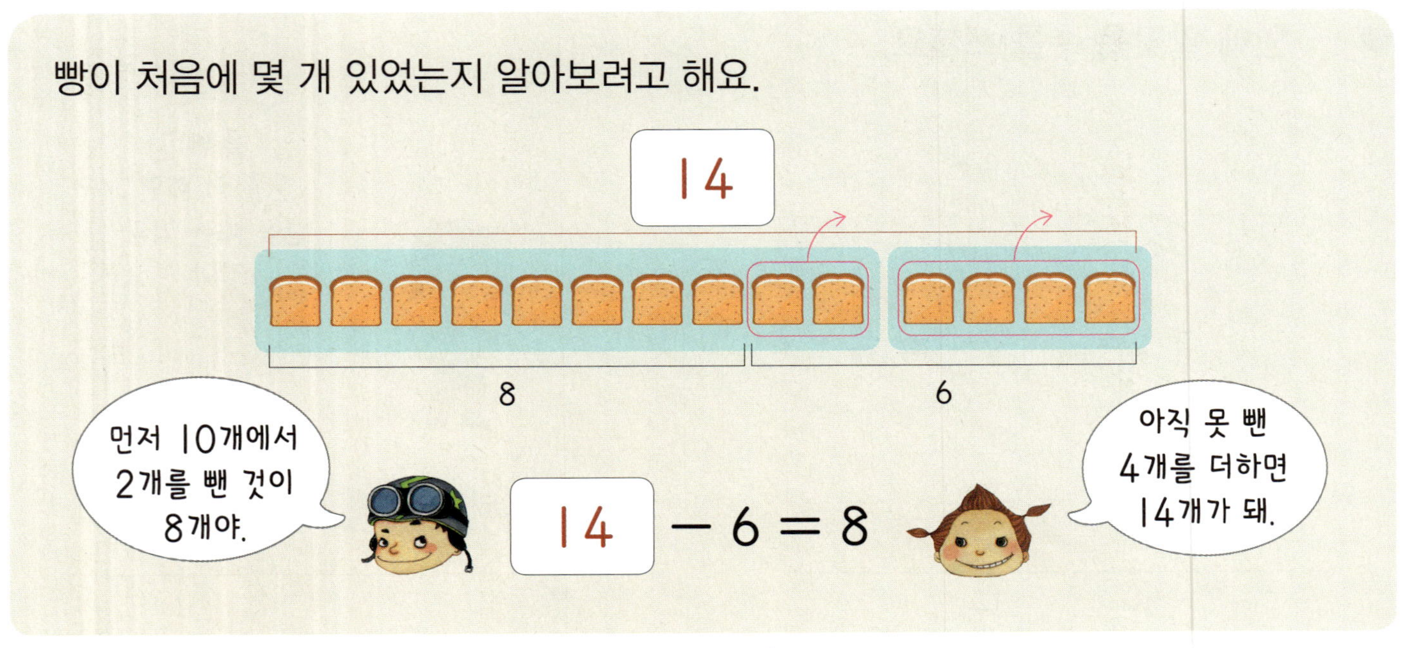

● 그림을 보고 ☐ 안에 알맞은 수를 쓰세요.

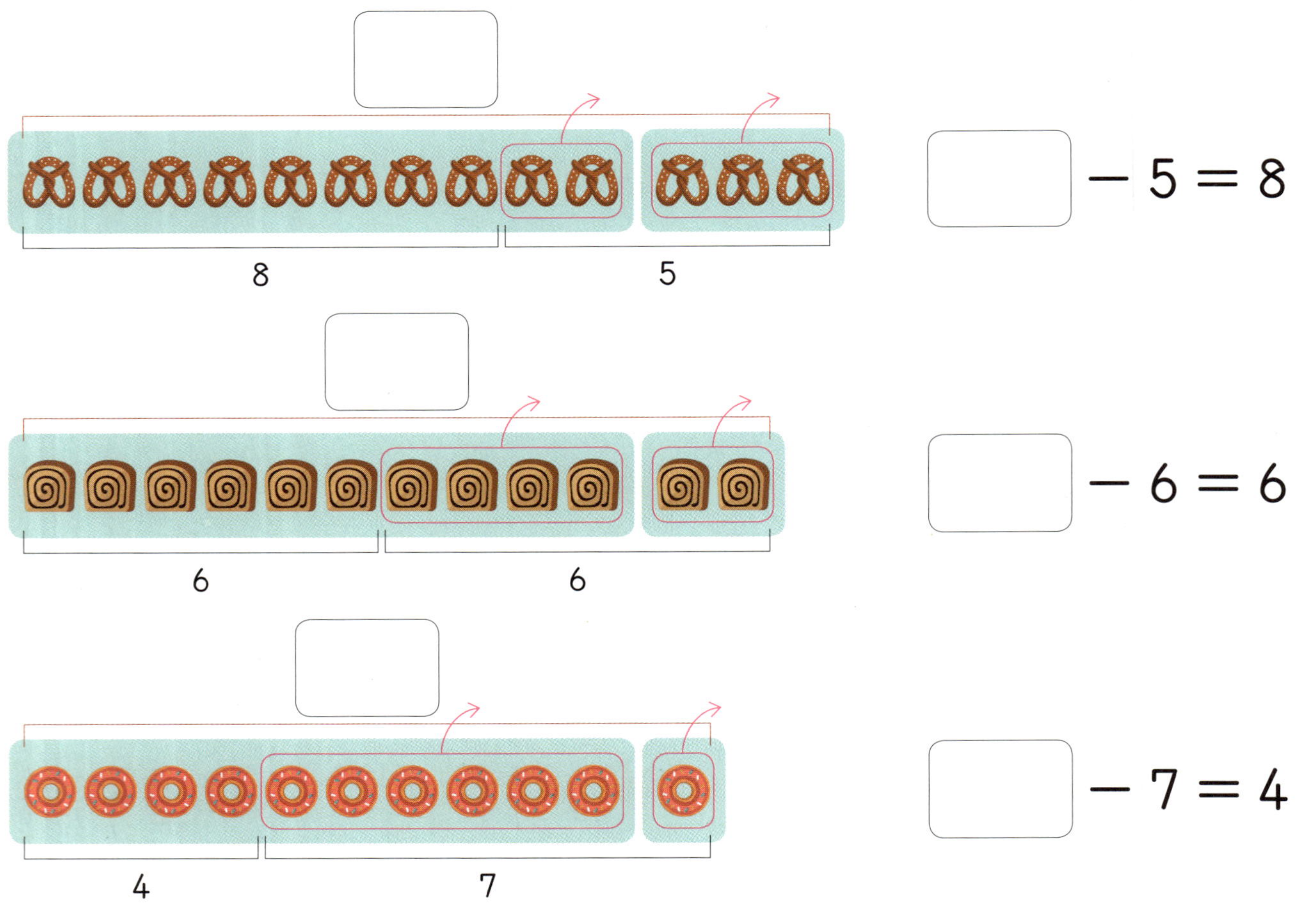

※ □ 안에 알맞은 수를 쓰세요.

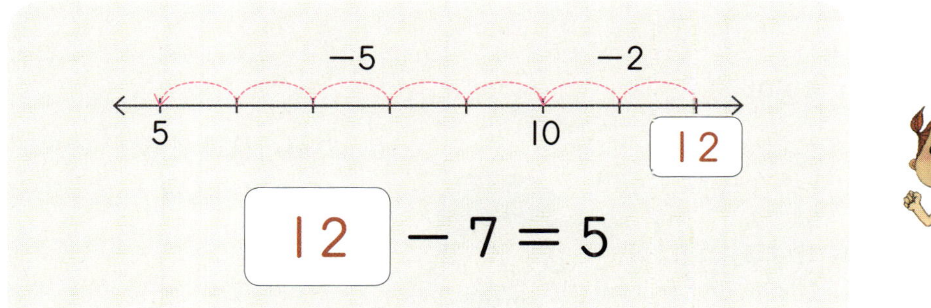

$$12 - 7 = 5$$

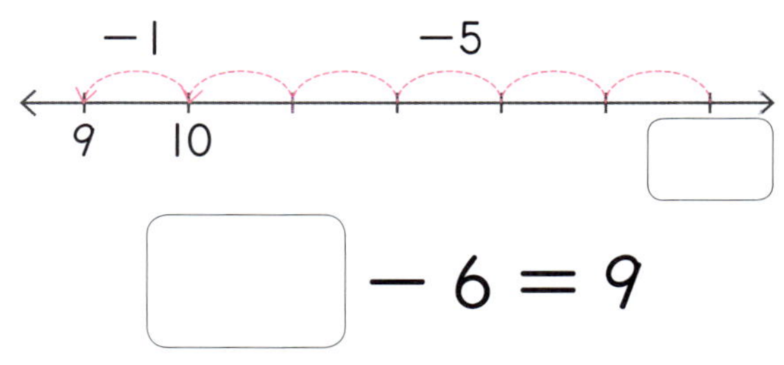

$$\boxed{} - 6 = 9$$

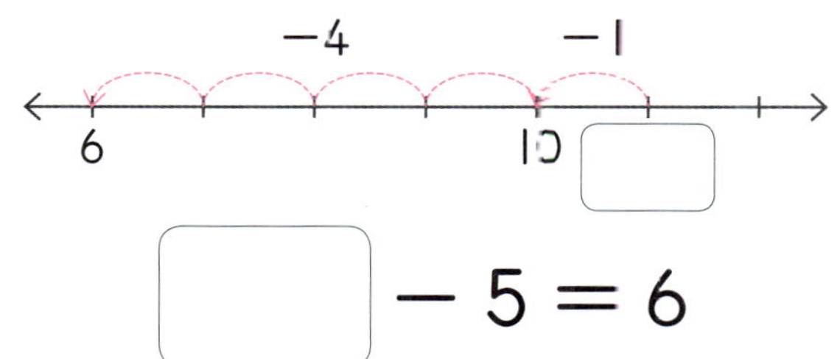

$$\boxed{} - 5 = 6$$

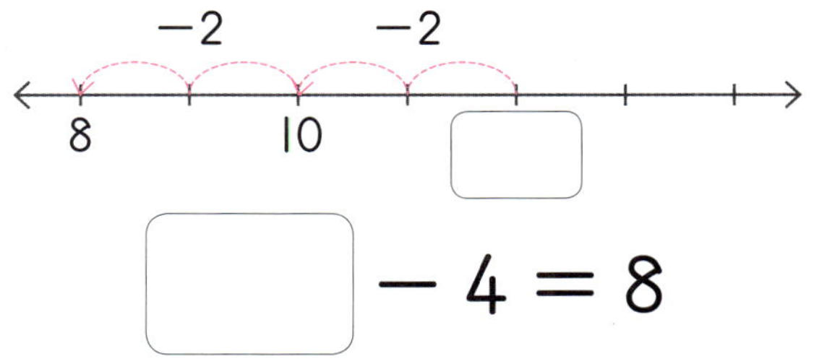

$$\boxed{} - 4 = 8$$

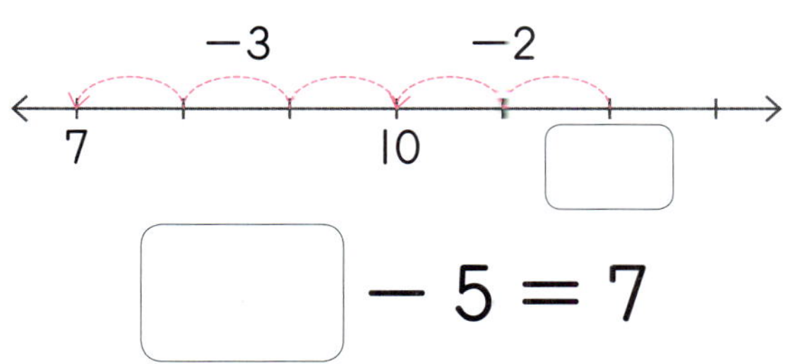

$$\boxed{} - 5 = 7$$

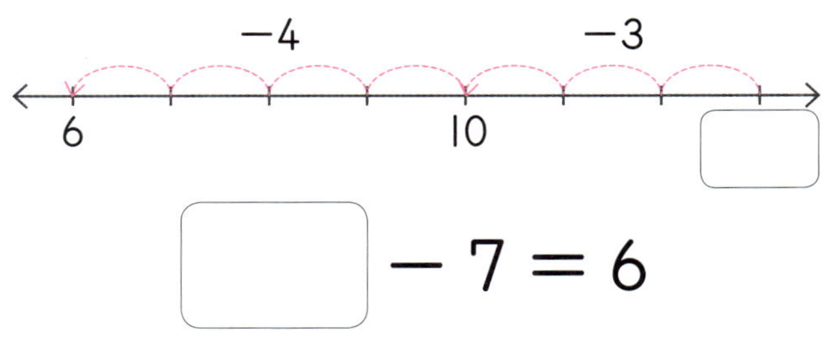

$$\boxed{} - 7 = 6$$

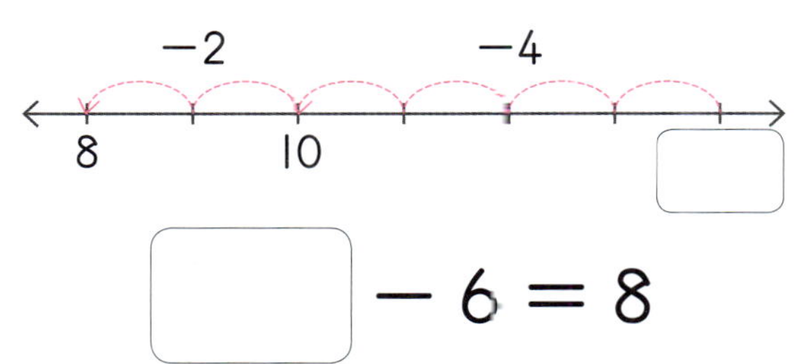

$$\boxed{} - 6 = 8$$

☐가 있는 뺄셈

🌱 빈 곳에 알맞은 수를 쓰세요.

● ☐ 안에 알맞은 수를 쓰세요.

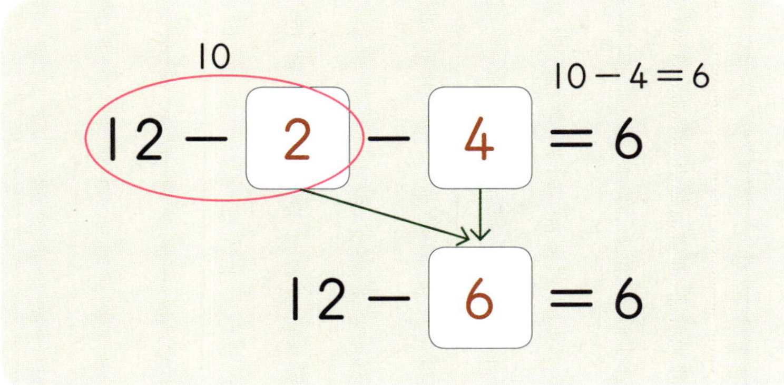

$14 - \boxed{} - \boxed{} = 9$

$14 - \boxed{} = 9$

$13 - \boxed{} - \boxed{} = 7$

$13 - \boxed{} = 7$

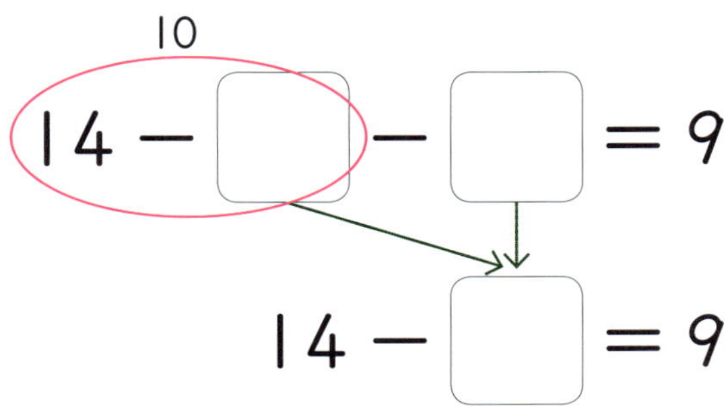

$11 - \boxed{} - \boxed{} = 4$

$11 - \boxed{} = 4$

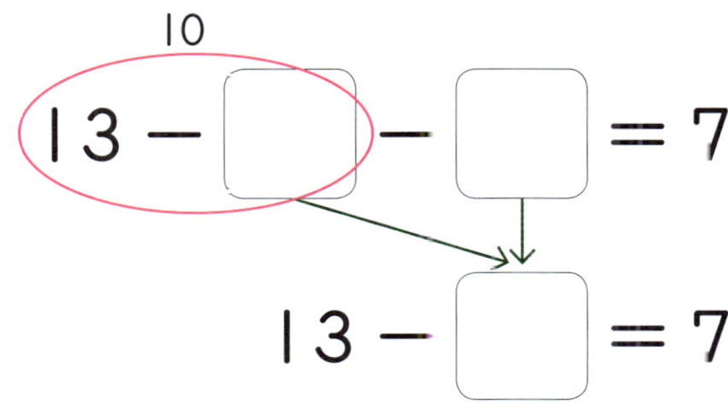

$10 - 5 + \boxed{} = 8$

$\boxed{} - 5 = 8$

$10 - 8 + \boxed{} = 9$

$\boxed{} - 8 = 9$

$10 - 7 + \boxed{} = 5$

$\boxed{} - 7 = 5$

자동차를 타고 올바른 식이 되는 길로 가려고 해요.

🌳 **올바른 식이 되도록 선을 그으세요.**

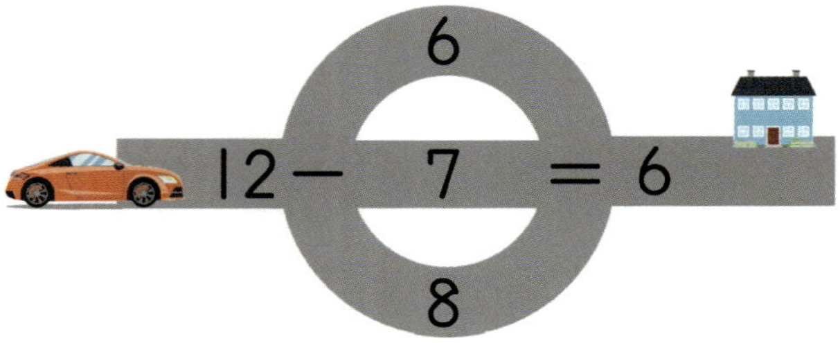

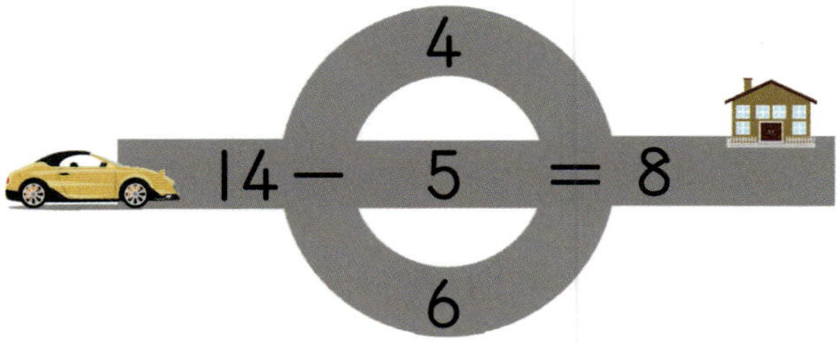

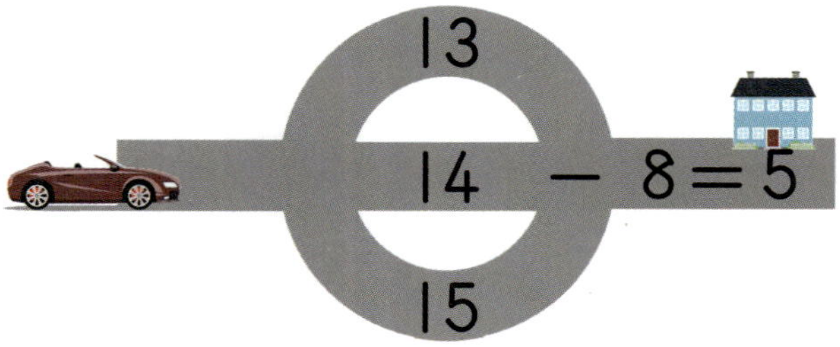

● □ 안에 알맞은 수를 쓰세요.

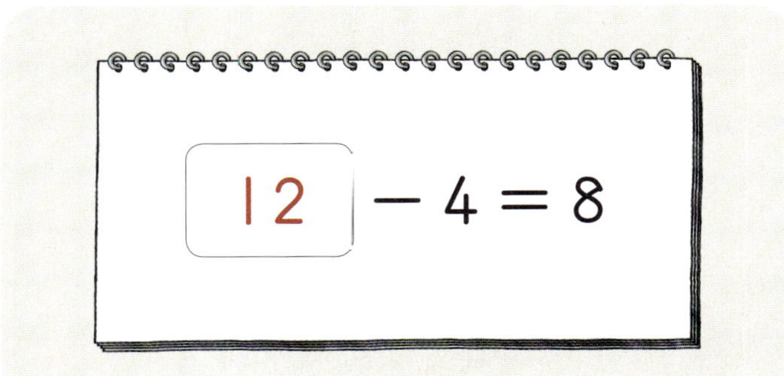

$$\boxed{12} - 4 = 8$$

$$11 - \boxed{} = 8$$

$$13 - \boxed{} = 9$$

$$15 - \boxed{} = 6$$

$$12 - \boxed{} = 4$$

$$\boxed{} - 5 = 7$$

$$\boxed{} - 8 = 6$$

$$\boxed{} - 7 = 9$$

$$\boxed{} - 6 = 5$$

공부한 날

월

일

□가 있는 덧셈과 뺄셈

🌳 □ 안에 알맞은 수를 쓰세요.

$$9 + \boxed{} = 11$$
$$11 - \boxed{} = 9$$

$$7 + \boxed{} = 15$$
$$15 - \boxed{} = 7$$

$$4 + \boxed{} = 12$$
$$12 - \boxed{} = 4$$

$$9 + \boxed{} = 16$$
$$16 - \boxed{} = 9$$

● □ 안에 알맞은 수를 쓰세요.

$$8 + \boxed{7} = 15$$
$$15 - \boxed{7} = 8$$

$$5 + \boxed{} = 12$$
$$12 - \boxed{} = 5$$

$$9 + \boxed{} = 13$$
$$13 - \boxed{} = 9$$

$$7 + \boxed{} = 14$$
$$14 - \boxed{} = 7$$

$$8 + \boxed{} = 12$$
$$12 - \boxed{} = 8$$

$$9 + \boxed{} = 17$$
$$17 - \boxed{} = 9$$

$$6 + \boxed{} = 14$$
$$14 - \boxed{} = 6$$

🌳 빈칸에 알맞은 수를 쓰세요.

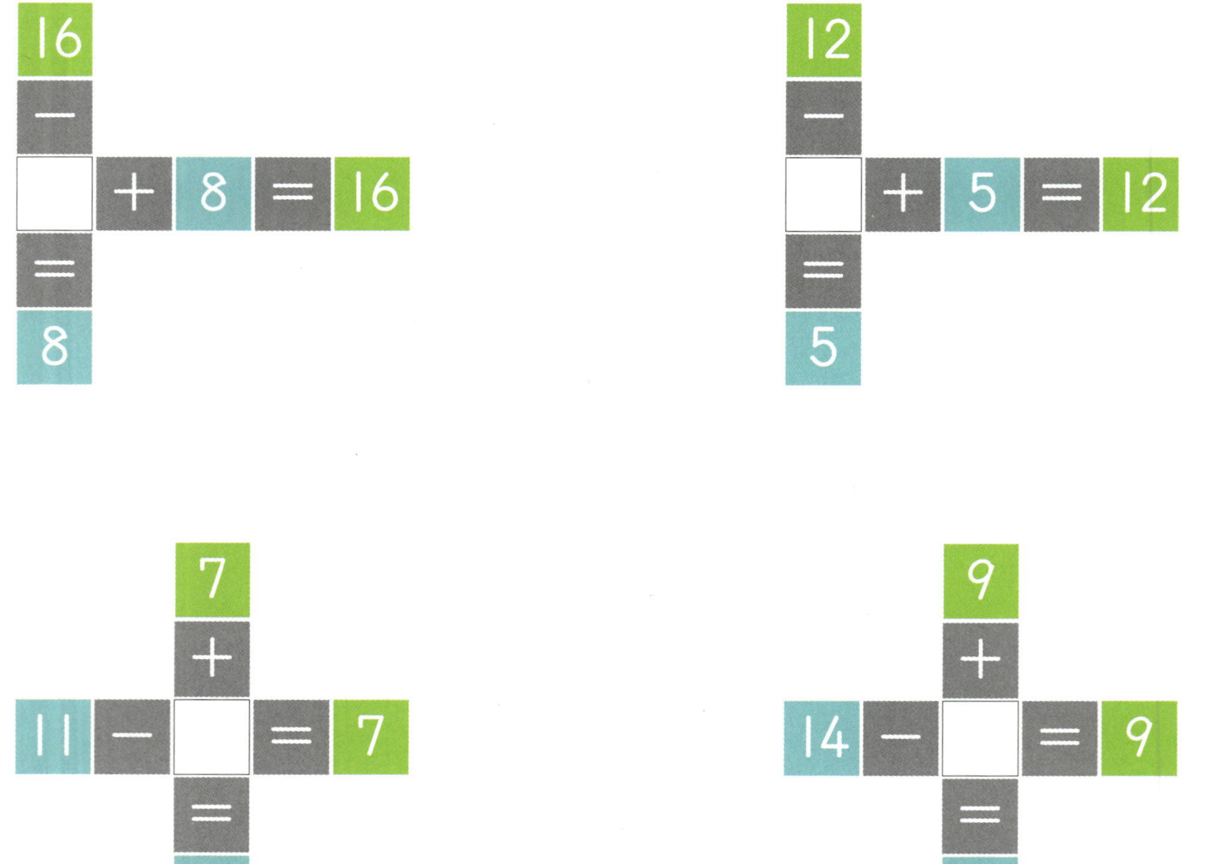

$$\begin{cases} \boxed{7} + 6 = 13 \\ 13 - \boxed{7} = 6 \end{cases}$$

$$\begin{cases} \boxed{} + 9 = 13 \\ 13 - \boxed{} = 9 \end{cases}$$

$$\begin{cases} \boxed{} + 8 = 11 \\ 11 - \boxed{} = 8 \end{cases}$$

$$\begin{cases} \boxed{} + 7 = 16 \\ 16 - \boxed{} = 7 \end{cases}$$

$$\begin{cases} \boxed{} + 7 = 12 \\ 12 - \boxed{} = 7 \end{cases}$$

$$\begin{cases} \boxed{} + 6 = 14 \\ 14 - \boxed{} = 6 \end{cases}$$

$$\begin{cases} \boxed{} + 2 = 11 \\ 11 - \boxed{} = 2 \end{cases}$$

무엇을 배웠을까요

▲ ☐ 안에 알맞은 수를 쓰세요.

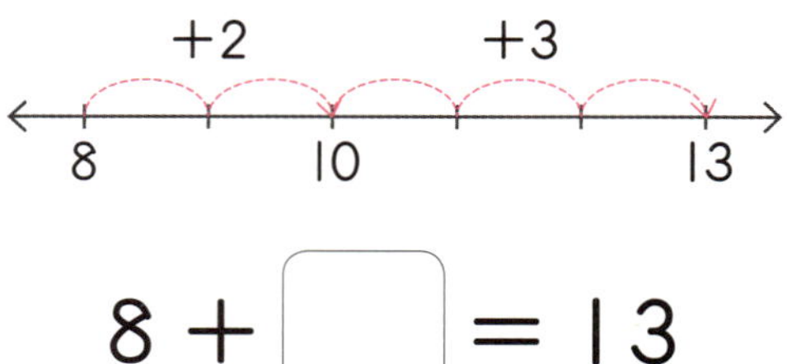

$$8 + \boxed{} = 13$$

$$12 - \boxed{} = 7$$

▲ 빈 곳에 알맞은 수를 쓰세요.

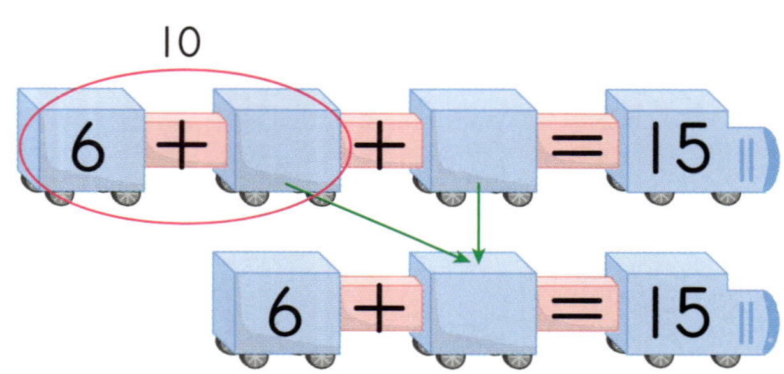

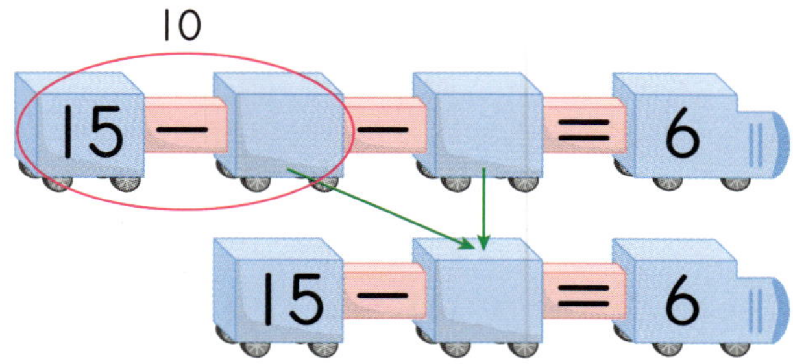

▲ ☐ 안에 알맞은 수를 쓰세요.

$$\boxed{} + 7 = 13$$

$$\boxed{} - 8 = 7$$

$$\boxed{} + 5 = 14$$

$$\boxed{} - 9 = 8$$

🔺 올바른 식이 되도록 선을 그으세요.

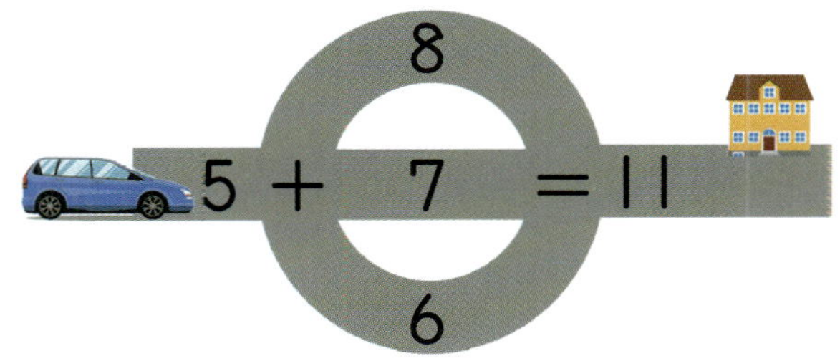

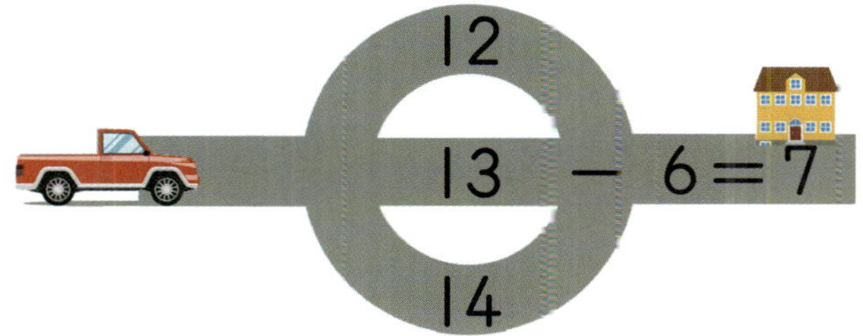

🔺 빈칸에 알맞은 수를 쓰세요.

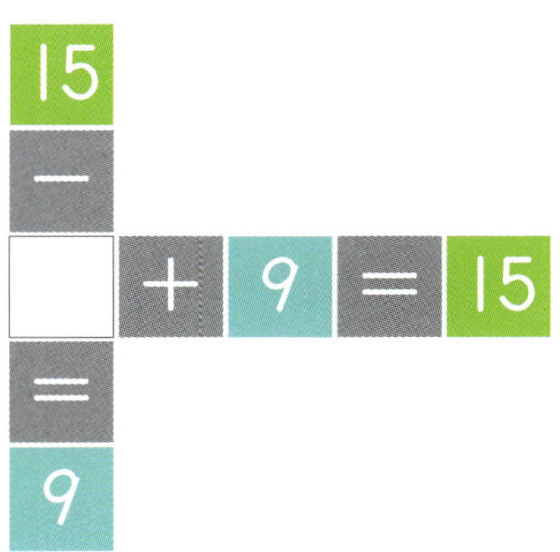

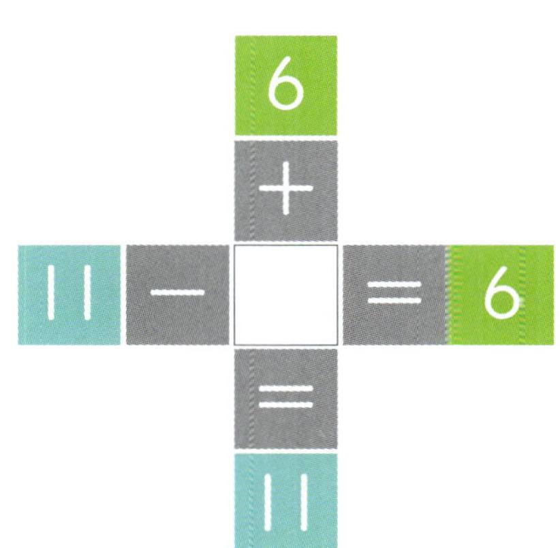

🔺 ☐ 안에 알맞은 수를 쓰세요.

$7 + \boxed{} = 12$

$12 - \boxed{} = 7$

$\boxed{} + 4 = 13$

$13 - \boxed{} = 4$

연산력 게임

QR코드를 찍으면 다양한 연산 게임을 할 수 있어요.

어떤 버튼을 눌러야 올바른 덧셈식이 완성될까요?

자판기 중앙에서 찾아 손가락으로 누르세요.
＋6을 누르면 정답입니다.

과녁을 빗나간 화살은 몇 개일까요?

빈 곳에 들어갈 수를 아래쪽에서 찾아 손가락으로 끌어서 넣으세요.
5를 넣으면 정답입니다.

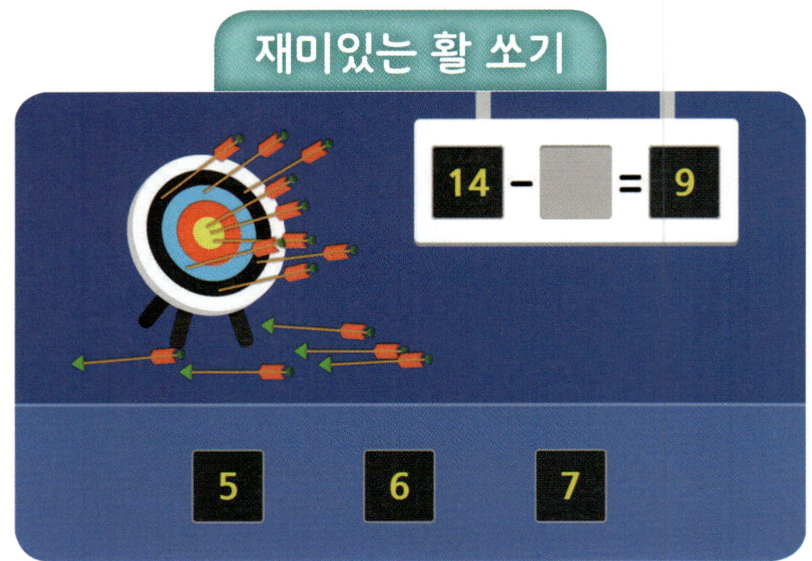

세 수의 덧셈과 뺄셈

▶ 연산 보충 학습(108쪽)에서 더 풀어 보세요.

학부모 지도 가이드

이번 차시에서는 세 수의 덧셈과 뺄셈을 배우게 됩니다.

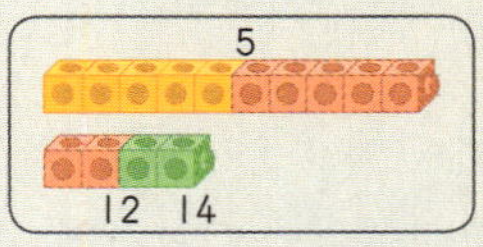

$$5 + 7 + 2 = \boxed{14}$$

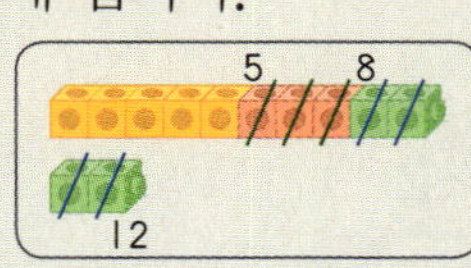

$$12 - 4 - 3 = \boxed{5}$$

연결큐브를 이용하여 5+7+2가 5개에 7개를 꽂고 이어서 2개를 더 꽂아 세 수의 합이 14라는 것을 알게 합니다. 12-4-3은 전체 12개에서 먼저 4개를 빼고 이어서 3개를 빼어 남는 것이 5개임을 알게 합니다. 이와 같이 세 수의 계산은 앞에서부터 차례로 계산하는 것에 주의하여 지도해 주세요.

236 두 번 더하기

태경이는 얼음판을 건너뛰면서 덧셈을 하고 있어요.

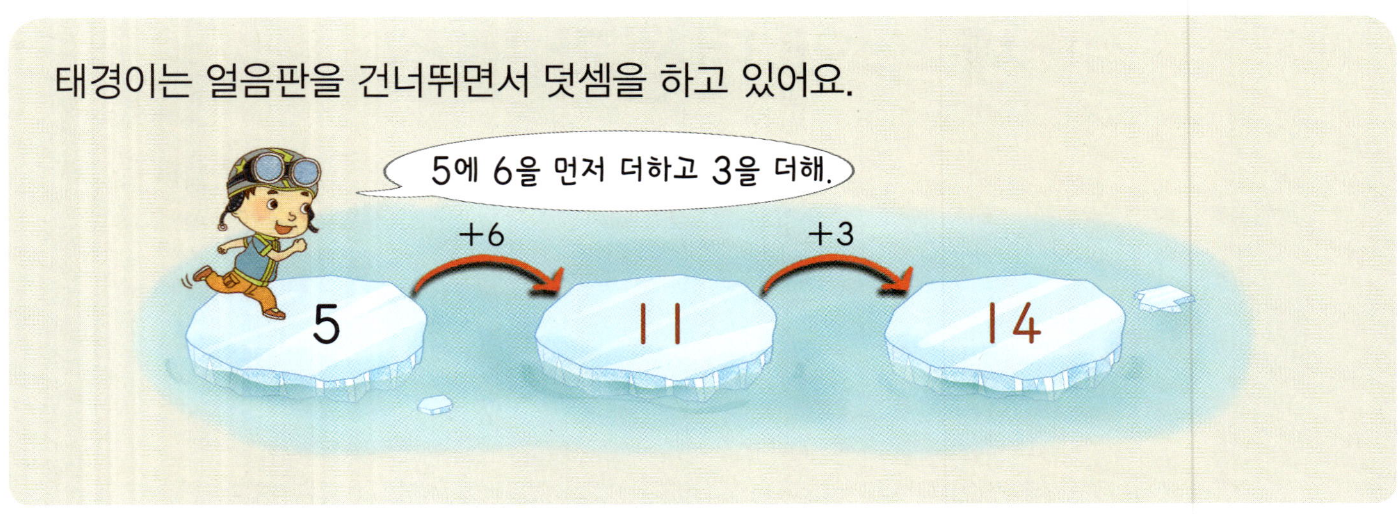

● 덧셈을 하여 빈 곳에 알맞은 수를 쓰세요.

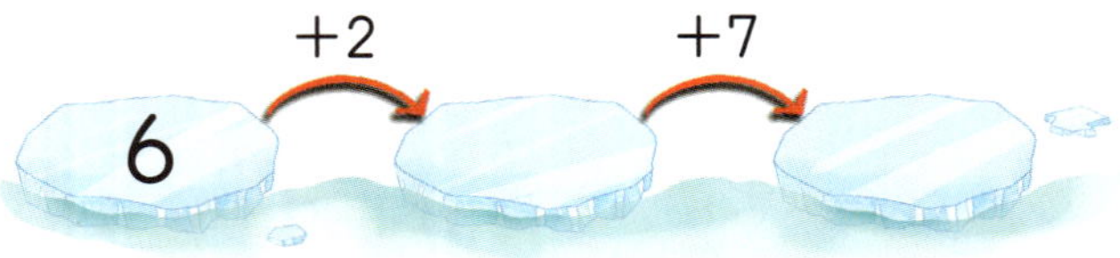

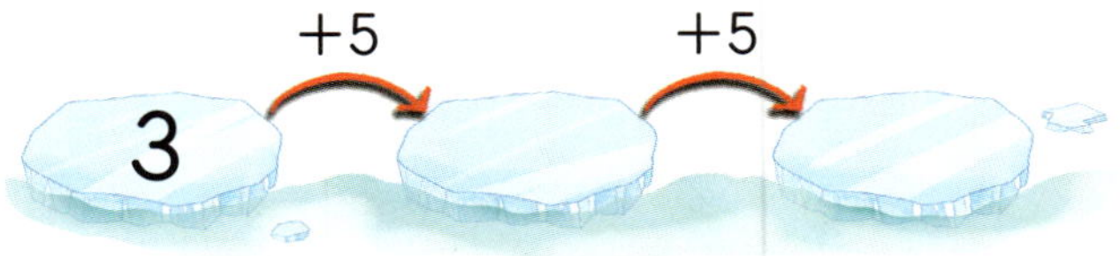

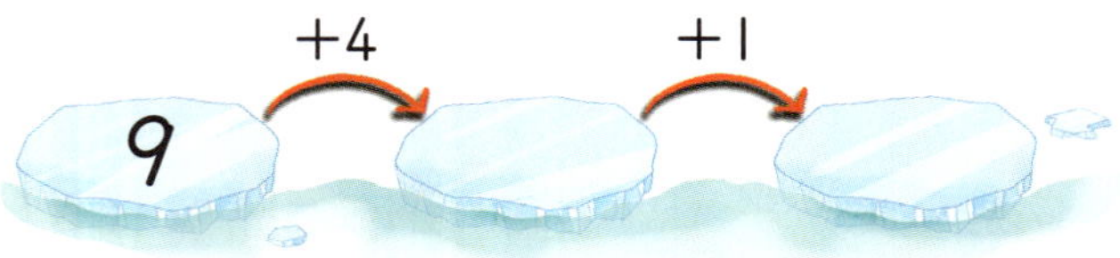

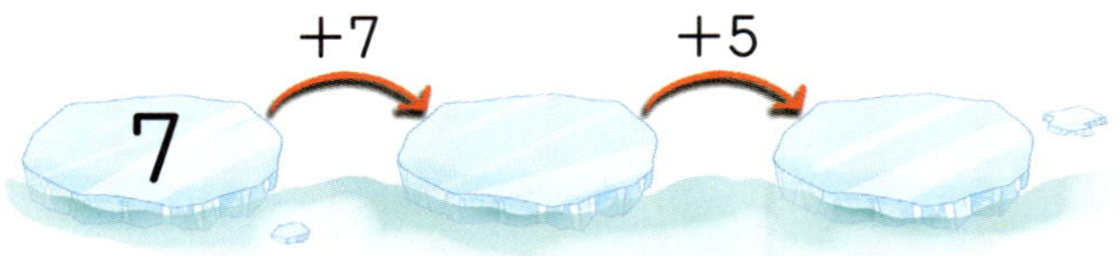

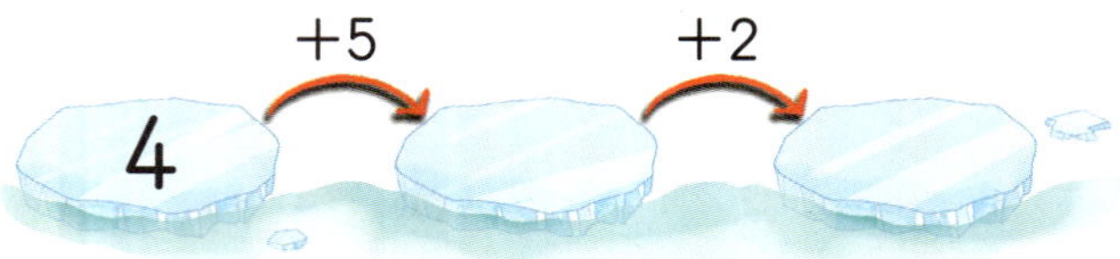

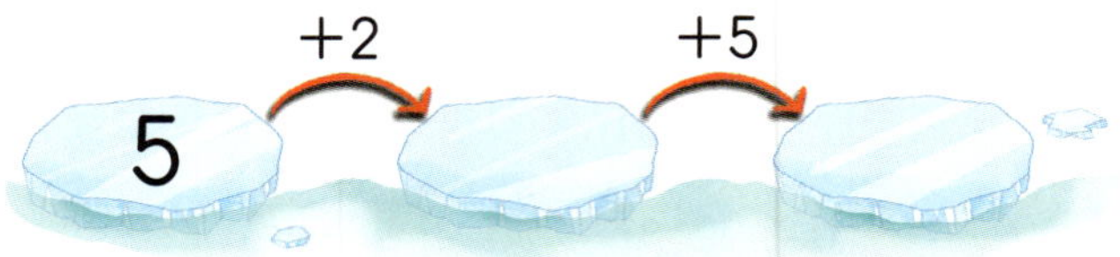

🌳 덧셈을 하여 빈칸에 알맞은 수를 쓰세요.

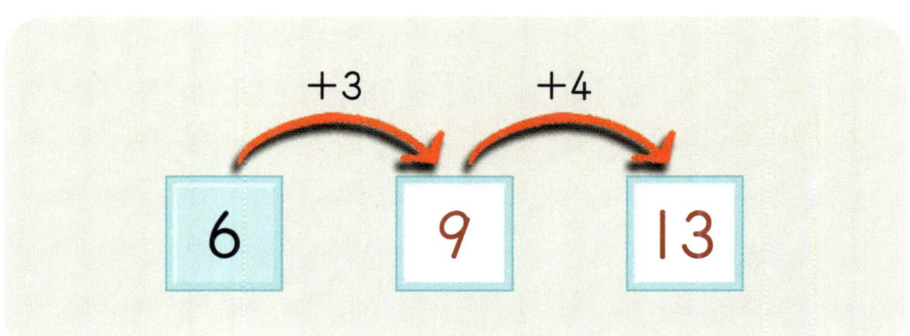

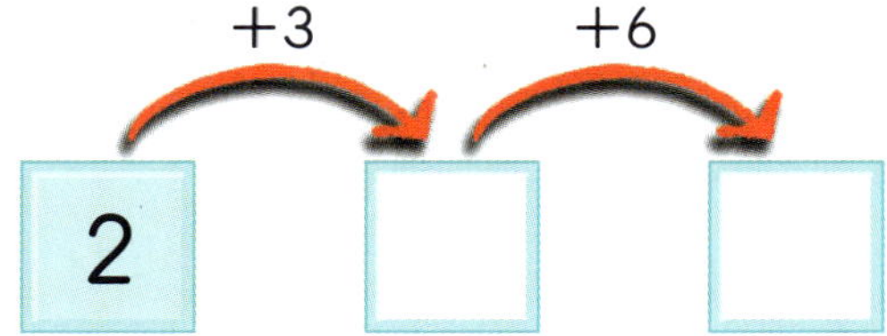

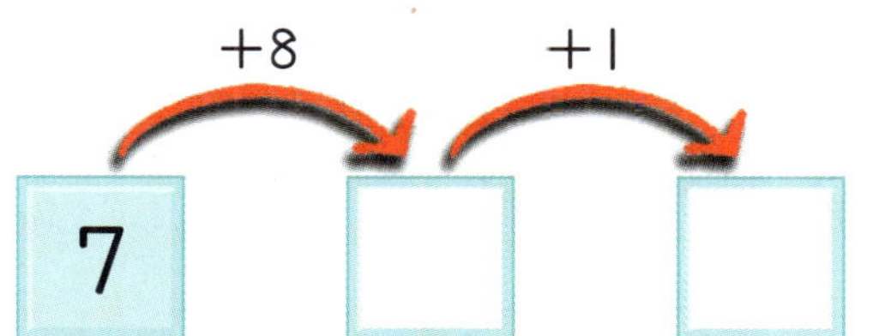

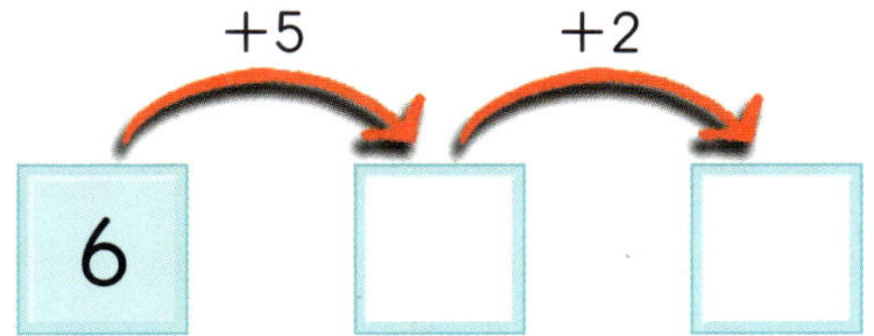

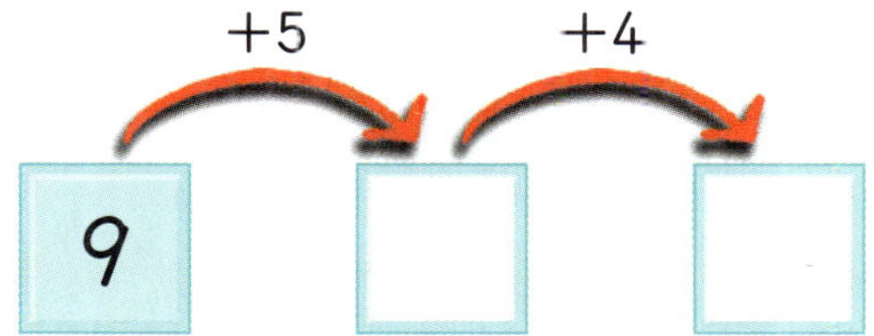

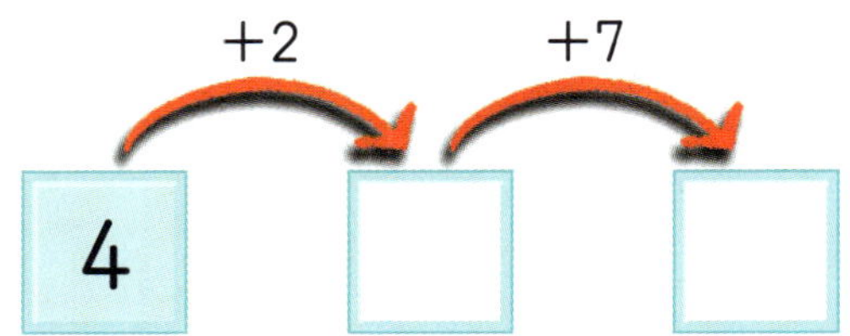

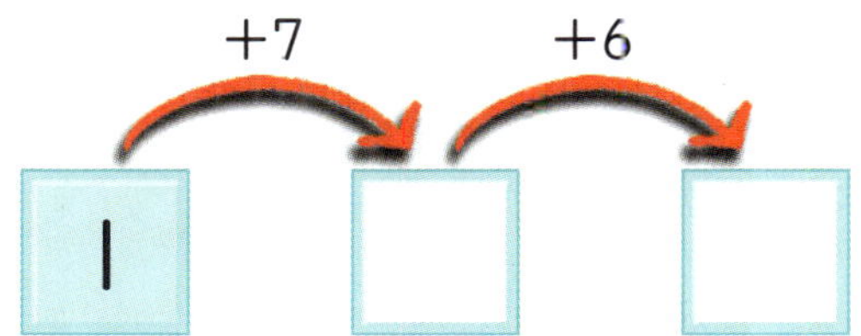

두 번 더하는 것을 하나의 식으로 나타낼 수 있어요.

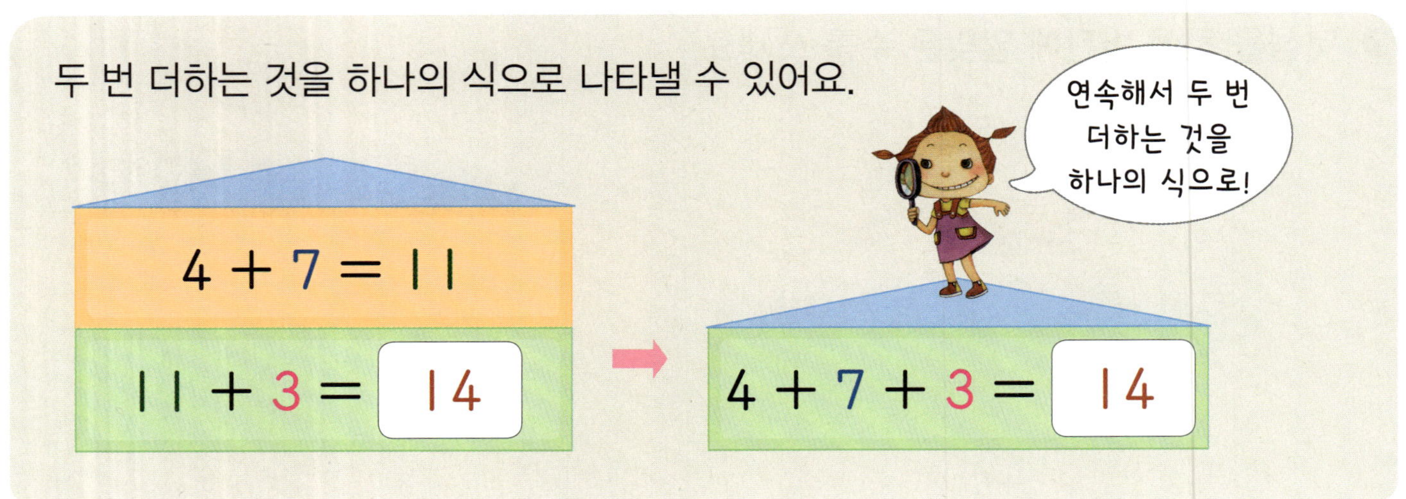

🌳 덧셈을 하세요.

8 + 5 = 13
13 + 5 =

8 + 5 + 5 =

1 + 6 = 7
7 + 9 =

1 + 6 + 9 =

5 + 4 = 9
9 + 6 =

5 + 4 + 6 =

🌳 **덧셈을 하세요.**

$$4 + 2 = \boxed{6}$$
$$6 + 9 = \boxed{15}$$
$$\Rightarrow 4 + 2 + 9 = \boxed{15}$$

$$2 + 4 = \boxed{}$$
$$6 + 5 = \boxed{}$$
$$\Rightarrow 2 + 4 + 5 = \boxed{}$$

$$9 + 2 = \boxed{}$$
$$11 + 2 = \boxed{}$$
$$\Rightarrow 9 + 2 + 2 = \boxed{}$$

$$8 + 6 = \boxed{}$$
$$14 + 2 = \boxed{}$$
$$\Rightarrow 8 + 6 + 2 = \boxed{}$$

$$8 + 1 = \boxed{}$$
$$9 + 7 = \boxed{}$$
$$\Rightarrow 8 + 1 + 7 = \boxed{}$$

공부한 날

월

일

세 수의 덧셈

세 가지 색깔의 연결큐브가 모두 몇 개인지 10개씩 연결하여 더하고 있어요.

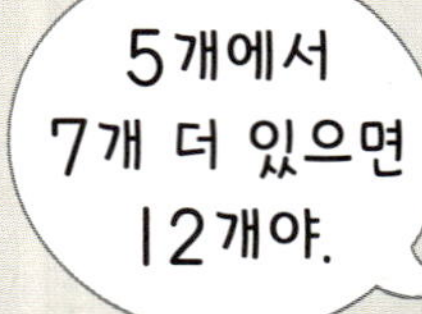

$$5 + 7 + 2 = \boxed{14}$$

● 연결큐브를 보고 덧셈을 하세요.

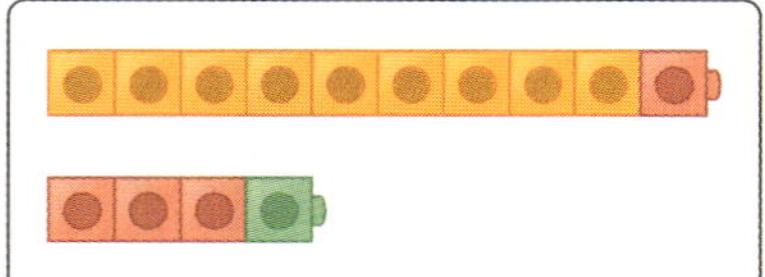

$$4 + 3 + 5 = \boxed{}$$

$$8 + 6 + 4 = \boxed{}$$

$$9 + 4 + 1 = \boxed{}$$

$$5 + 1 + 9 = \boxed{}$$

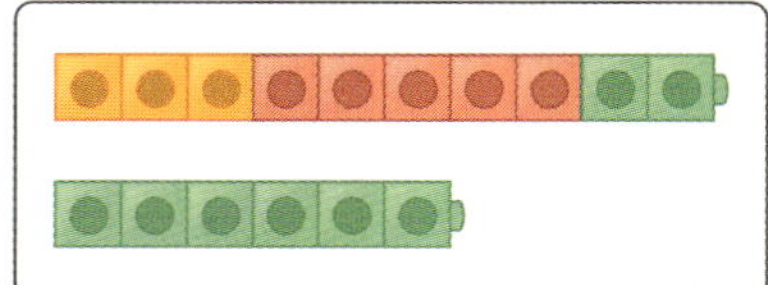

$$3 + 5 + 8 = \boxed{}$$

$$7 + 6 + 4 = \boxed{}$$

덧셈을 하세요.

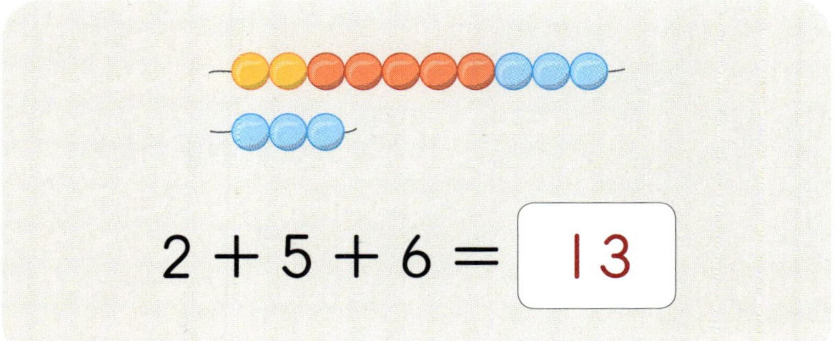

$$2 + 5 + 6 = \boxed{13}$$

$9 + 5 + 4 = \boxed{}$ $\qquad$ $3 + 2 + 8 = \boxed{}$

$5 + 6 + 1 = \boxed{}$ $\qquad$ $9 + 9 + 1 = \boxed{}$

$4 + 3 + 7 = \boxed{}$ $\qquad$ $8 + 3 + 4 = \boxed{}$

$6 + 2 + 6 = \boxed{}$ $\qquad$ $7 + 1 + 3 = \boxed{}$

나뭇잎에 쓰여 있는 수를 왼쪽부터 차례로 더하려고 해요.

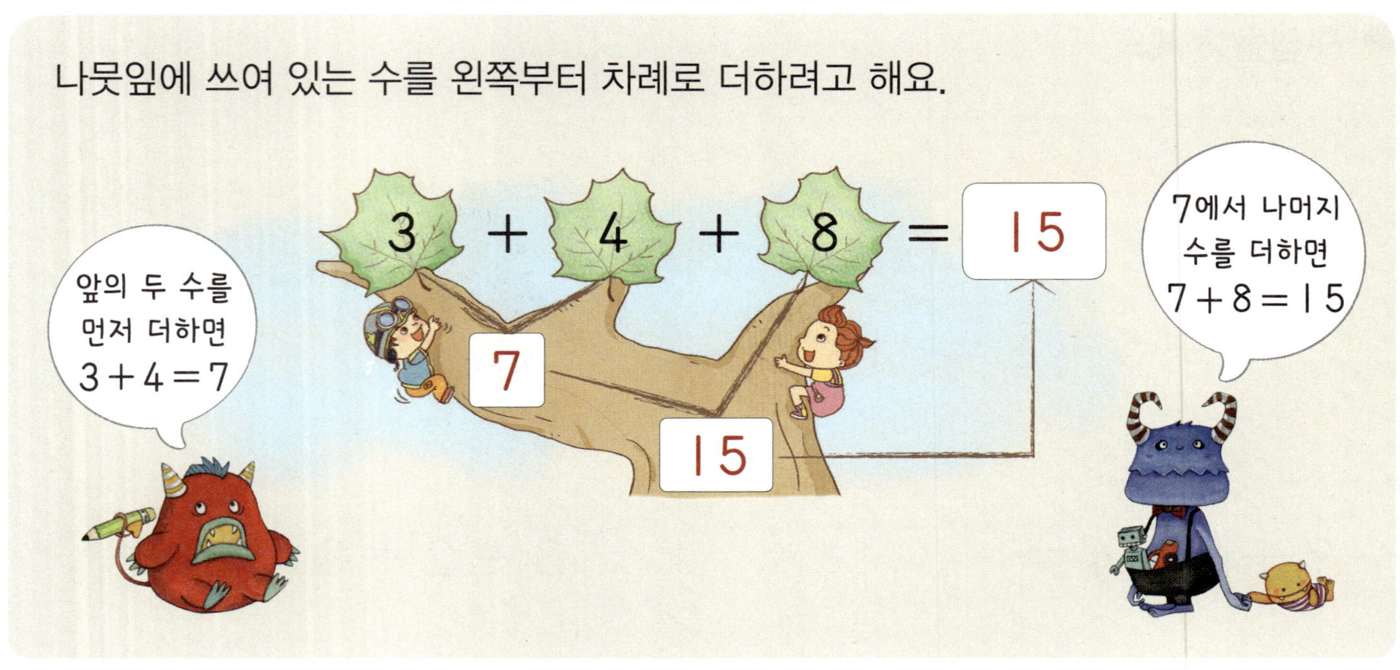

● ☐ 안에 알맞은 수를 쓰세요.

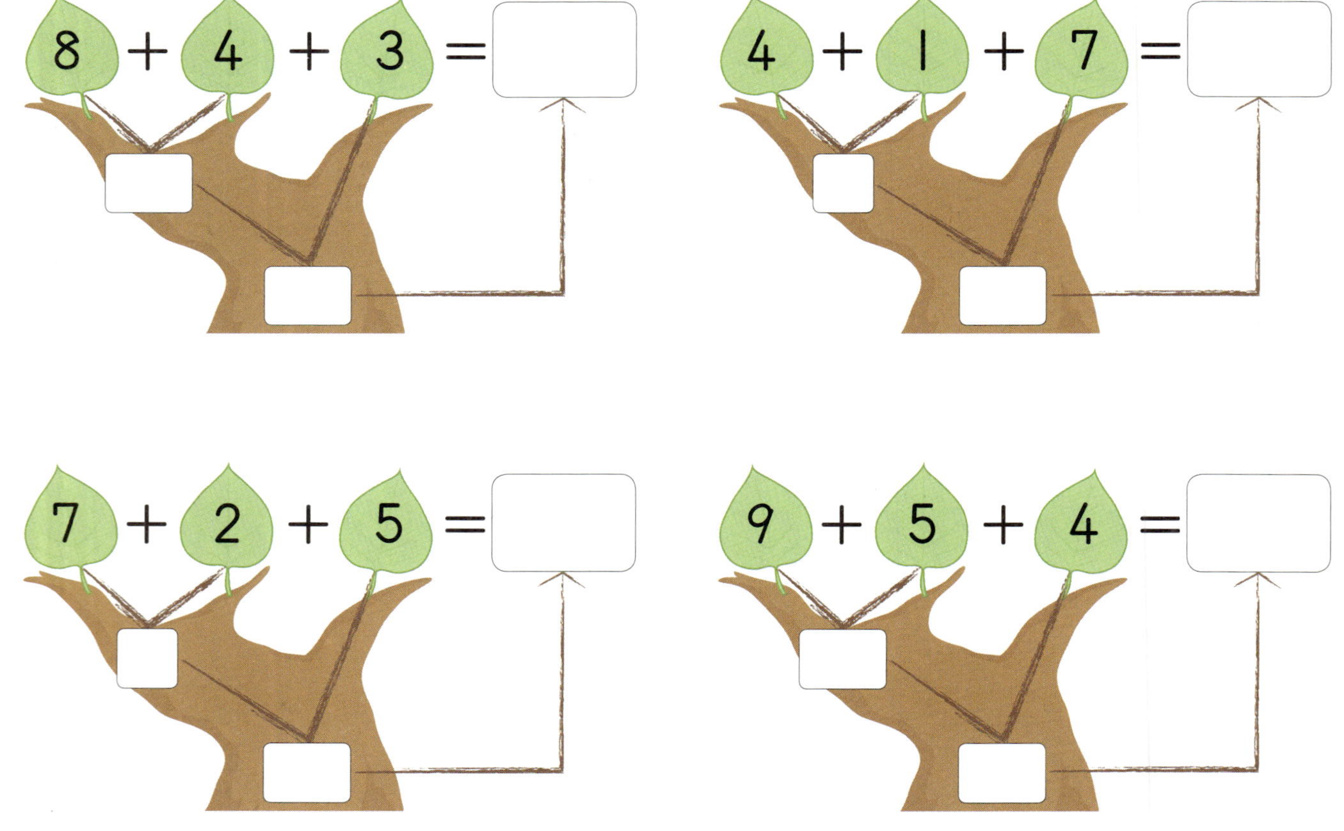

🌳 덧셈을 하세요.

$$5 + 7 + 2 = \boxed{14}$$

$9 + 5 + 4 = \boxed{}$

$3 + 2 + 8 = \boxed{}$

$5 + 6 + 1 = \boxed{}$

$9 + 9 + 1 = \boxed{}$

$4 + 3 + 7 = \boxed{}$

$8 + 3 + 4 = \boxed{}$

$6 + 2 + 6 = \boxed{}$

$7 + 1 + 3 = \boxed{}$

두 번 빼기

🌱 뺄셈을 하여 빈 곳에 알맞은 수를 쓰세요.

● 뺄셈을 하여 빈 곳에 알맞은 수를 쓰세요.

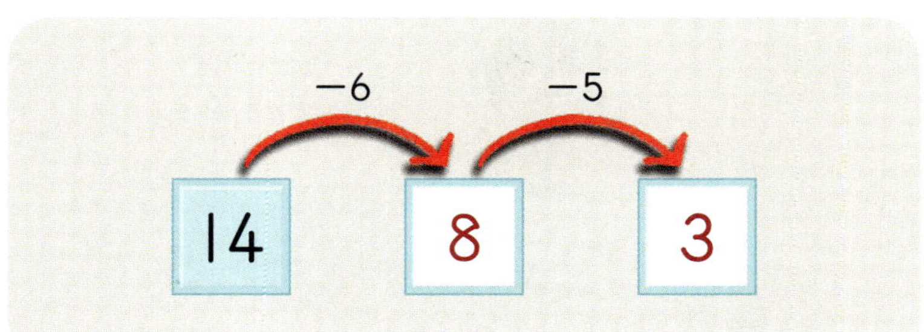

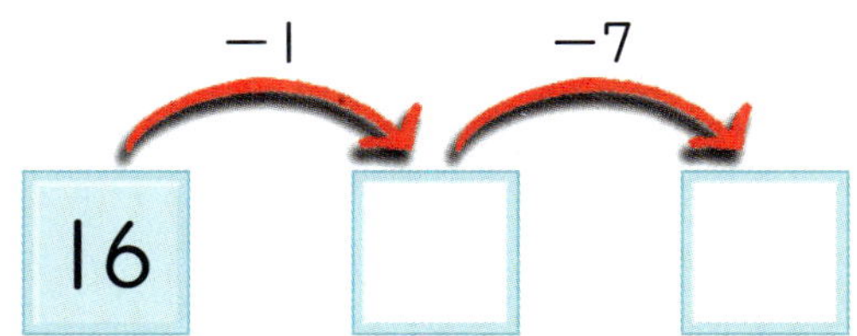

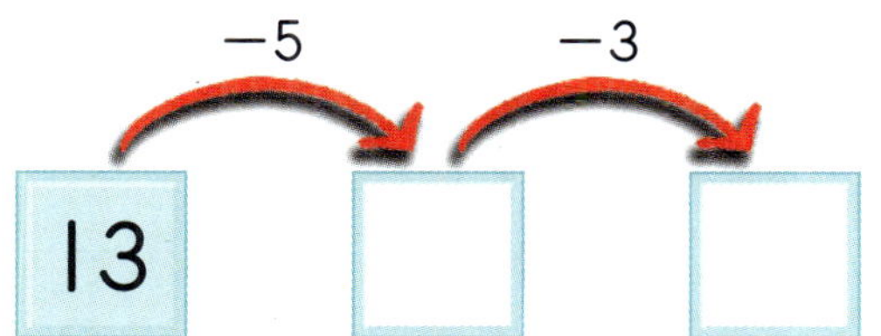

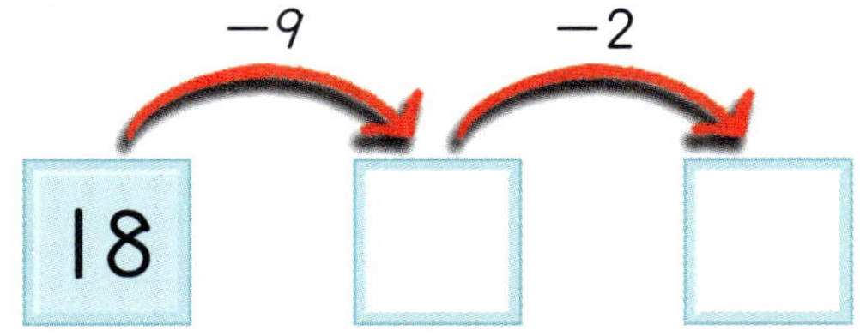

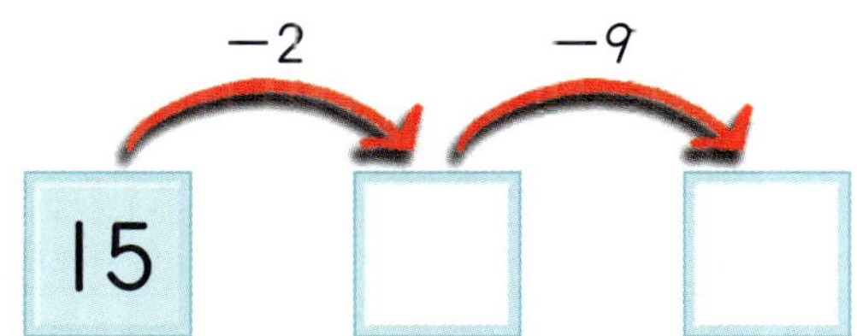

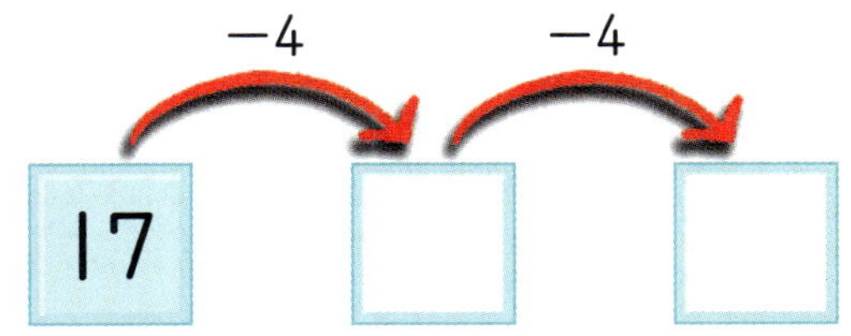

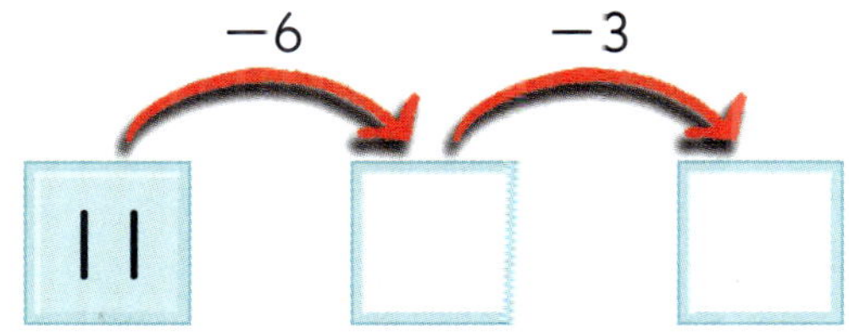

태경이는 트럭에 써 있는 수로 뺄셈을 하고 있어요.

🌳 뺄셈을 하세요.

19 − 7 = 12
12 − 4 =

19 − 7 − 4 =

12 − 3 = 9
9 − 5 =

12 − 3 − 5 =

17 − 6 = 11
11 − 6 =

17 − 6 − 6 =

🌳 뺄셈을 하세요.

$$13 - 4 = \boxed{9}$$
$$9 - 6 = \boxed{3}$$
➡ $$13 - 4 - 6 = \boxed{3}$$

$$14 - 6 = \boxed{}$$
$$8 - 7 = \boxed{}$$
➡ $$14 - 6 - 7 = \boxed{}$$

$$18 - 6 = \boxed{}$$
$$12 - 4 = \boxed{}$$
➡ $$18 - 6 - 4 = \boxed{}$$

$$11 - 4 = \boxed{}$$
$$7 - 4 = \boxed{}$$
➡ $$11 - 4 - 4 = \boxed{}$$

$$15 - 1 = \boxed{}$$
$$14 - 7 = \boxed{}$$
➡ $$15 - 1 - 7 = \boxed{}$$

공부한 날
월
일

세 수의 뺄셈

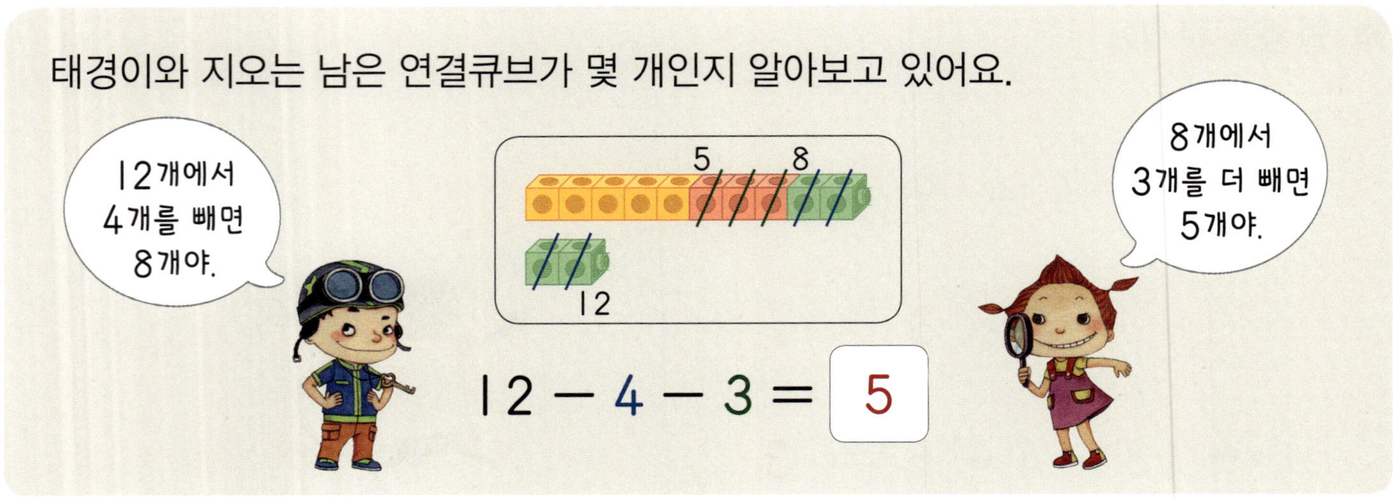

🌳 연결큐브를 보고 뺄셈을 하세요.

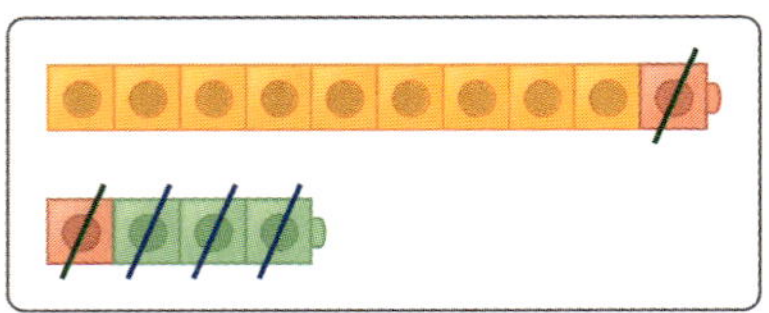

$14 - 3 - 2 = \boxed{}$

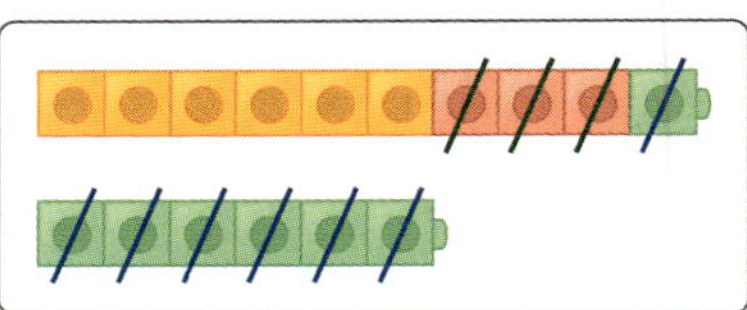

$16 - 7 - 3 = \boxed{}$

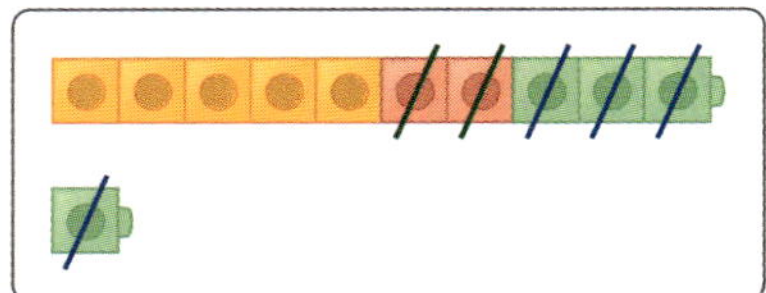

$11 - 4 - 2 = \boxed{}$

$15 - 8 - 3 = \boxed{}$

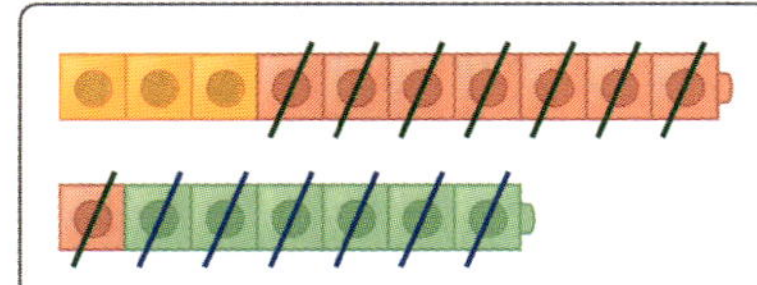

$17 - 6 - 8 = \boxed{}$

$13 - 4 - 7 = \boxed{}$

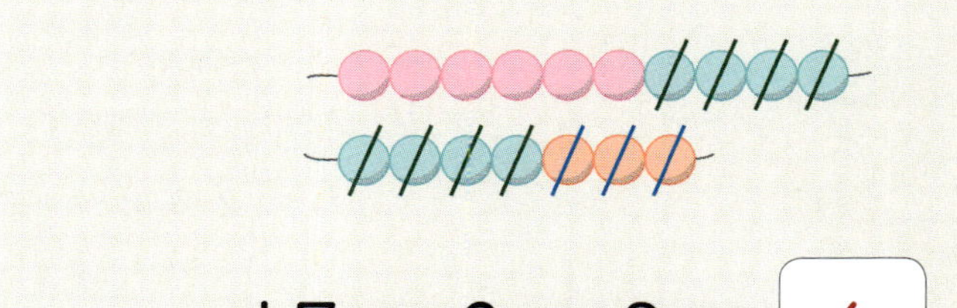

$11 - 2 - 5 = \boxed{}$ $16 - 2 - 8 = \boxed{}$

$19 - 8 - 4 = \boxed{}$ $12 - 5 - 5 = \boxed{}$

$15 - 6 - 4 = \boxed{}$ $13 - 1 - 9 = \boxed{}$

$17 - 2 - 6 = \boxed{}$ $18 - 4 - 6 = \boxed{}$

나뭇잎에 쓰여 있는 수를 왼쪽부터 차례로 빼려고 해요.

🌳 ☐ 안에 알맞은 수를 쓰세요.

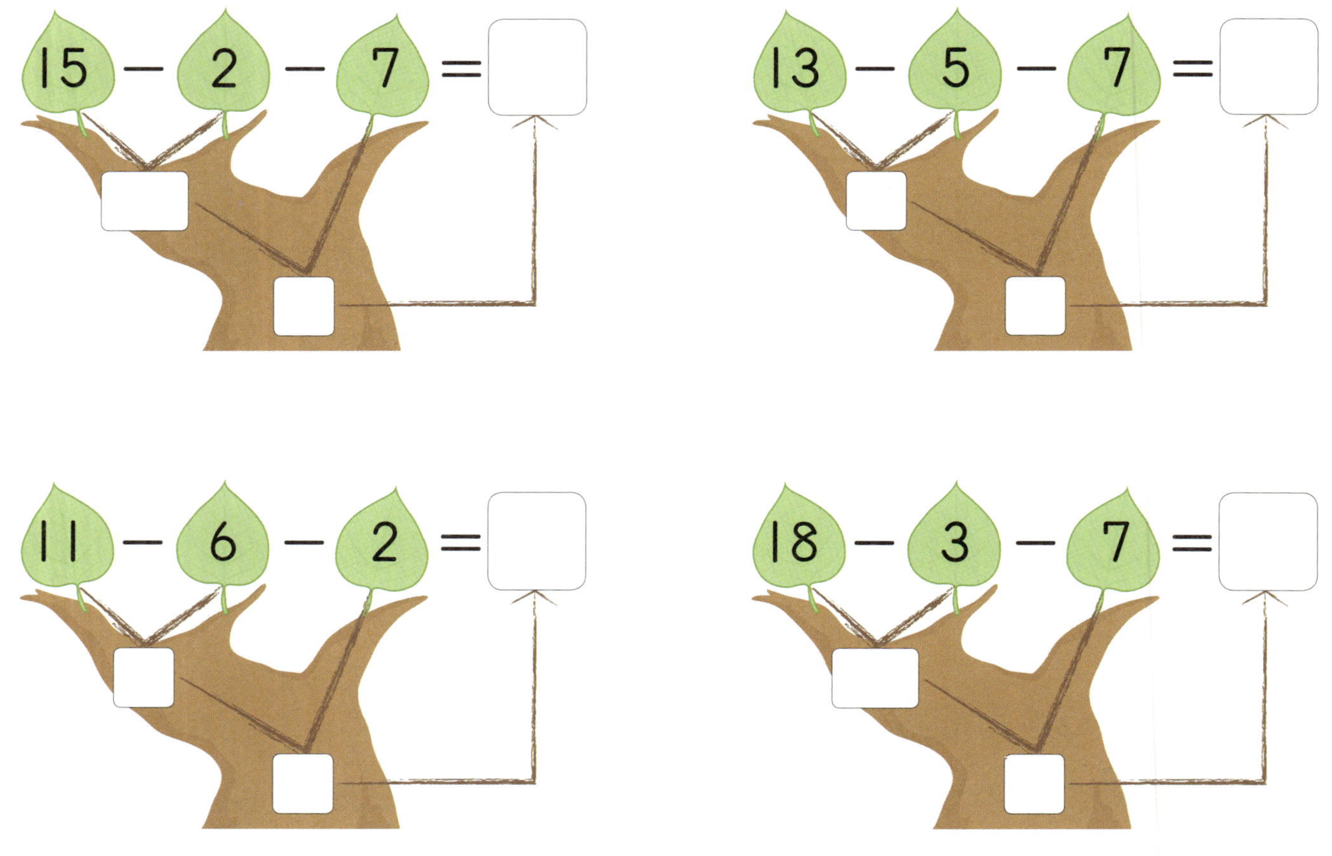

🌳 ☐ 안에 알맞은 수를 쓰세요.

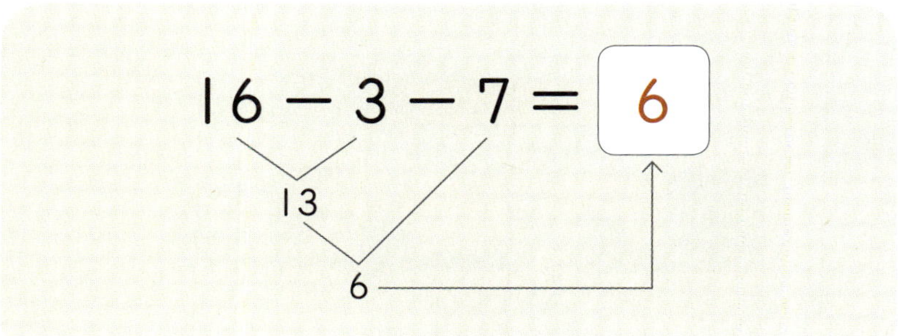

$16 - 3 - 7 = \boxed{6}$

13
6

$12 - 7 - 3 = \boxed{}$ $16 - 5 - 2 = \boxed{}$

$19 - 2 - 9 = \boxed{}$ $15 - 7 - 2 = \boxed{}$

$13 - 4 - 4 = \boxed{}$ $17 - 2 - 8 = \boxed{}$

$14 - 3 - 8 = \boxed{}$ $11 - 2 - 5 = \boxed{}$

세 수 더하고 빼기

7명이 타고 있던 버스에 5명이 더 타고 4명이 내렸어요.

$7 + 5 = \boxed{12}$

$12 - 4 = \boxed{8}$

➡ $7 + 5 - 4 = \boxed{8}$

🌳 ☐ 안에 알맞은 수를 쓰세요.

$5 + 8 = \boxed{}$

$13 - 6 = \boxed{}$

➡ $5 + 8 - 6 = \boxed{}$

$6 + 5 = \boxed{}$

$11 - 7 = \boxed{}$

➡ $6 + 5 - 7 = \boxed{}$

🌳 ☐ 안에 알맞은 수를 쓰세요.

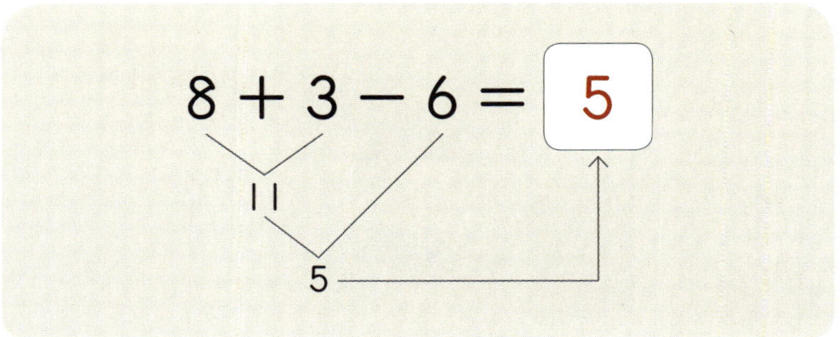

$$8 + 3 - 6 = \boxed{5}$$

$$5 + 9 - 8 = \boxed{} \qquad 9 + 2 - 8 = \boxed{}$$

$$6 + 6 - 4 = \boxed{} \qquad 7 + 8 - 6 = \boxed{}$$

$$8 + 4 - 7 = \boxed{} \qquad 6 + 7 - 9 = \boxed{}$$

$$4 + 7 - 9 = \boxed{} \qquad 8 + 6 - 7 = \boxed{}$$

지오와 태경이는 통나무의 길이로 뺄셈과 덧셈을 하고 있어요.

🌳 뺄셈과 덧셈을 하여 ☐ 안에 알맞은 수를 쓰세요.

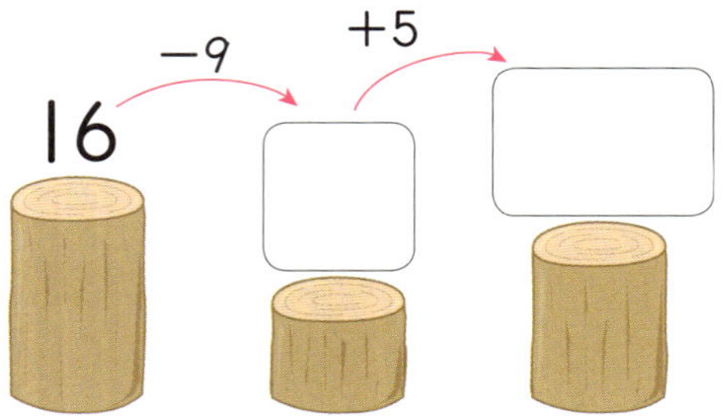

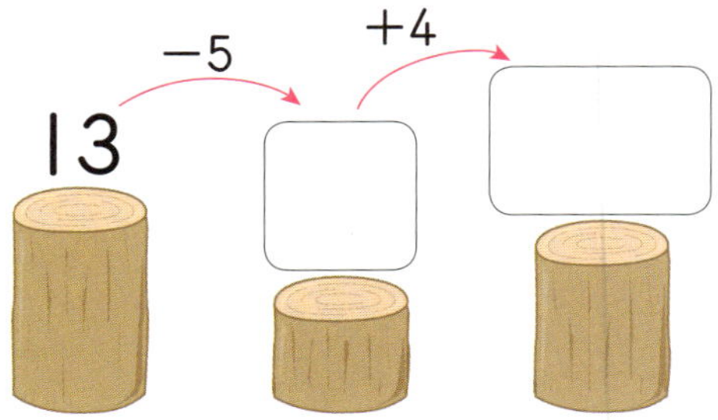

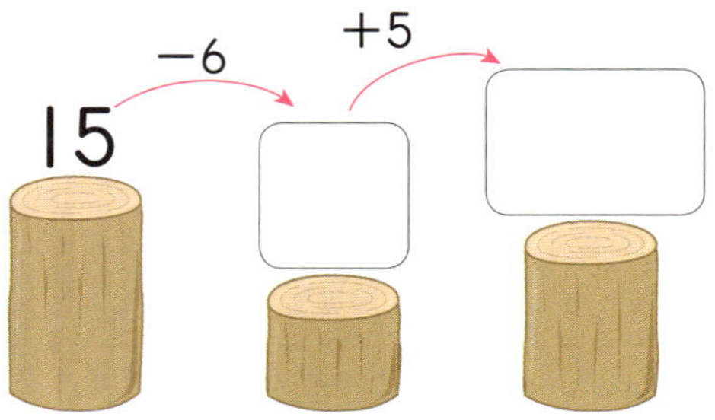

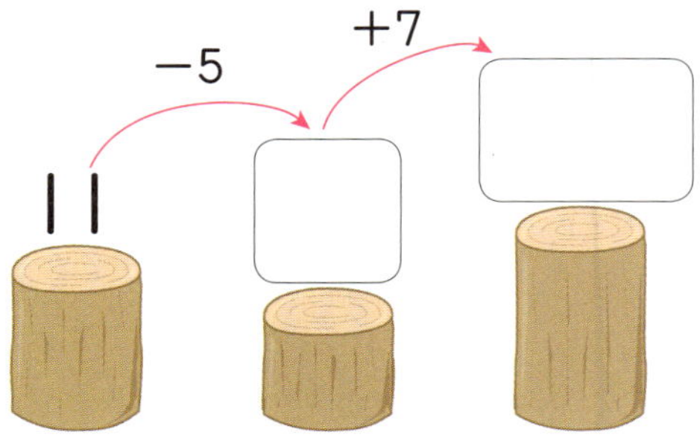

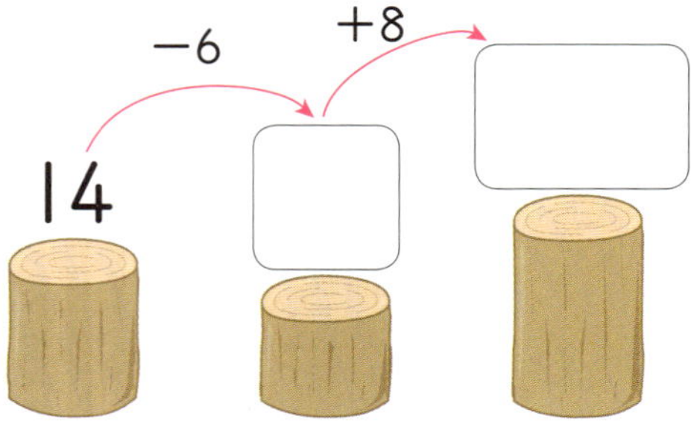

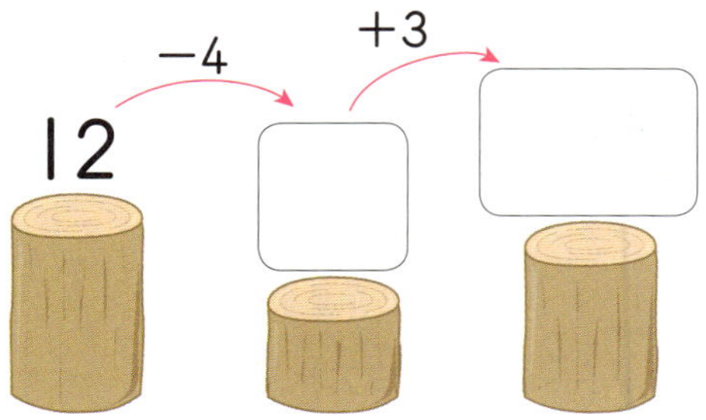

🌳 ☐ 안에 알맞은 수를 쓰세요.

$14 - 7 + 4 = \boxed{11}$

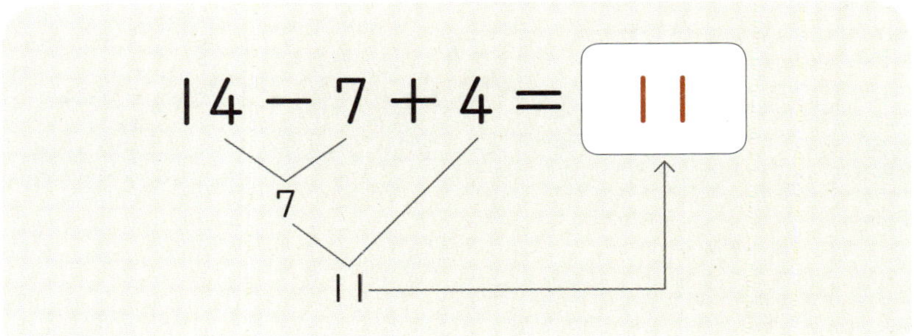

$12 - 7 + 8 = \boxed{}$

$15 - 6 + 9 = \boxed{}$

$14 - 6 + 4 = \boxed{}$

$11 - 5 + 8 = \boxed{}$

$13 - 5 + 7 = \boxed{}$

$13 - 5 + 3 = \boxed{}$

$12 - 5 + 9 = \boxed{}$

$16 - 7 + 8 = \boxed{}$

🌲 덧셈과 뺄셈을 하여 빈 곳에 알맞은 수를 쓰세요.

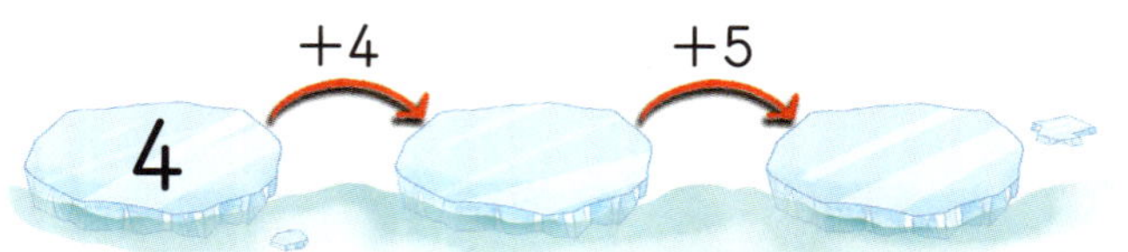

🌲 덧셈과 뺄셈을 하세요.

$5 + 7 = 12$

$12 + 4 = \boxed{}$

➡ $5 + 7 + 4 = \boxed{}$

$16 - 7 = 9$

$9 - 4 = \boxed{}$

➡ $16 - 7 - 4 = \boxed{}$

🌲 연결큐브를 보고 덧셈과 뺄셈을 하세요.

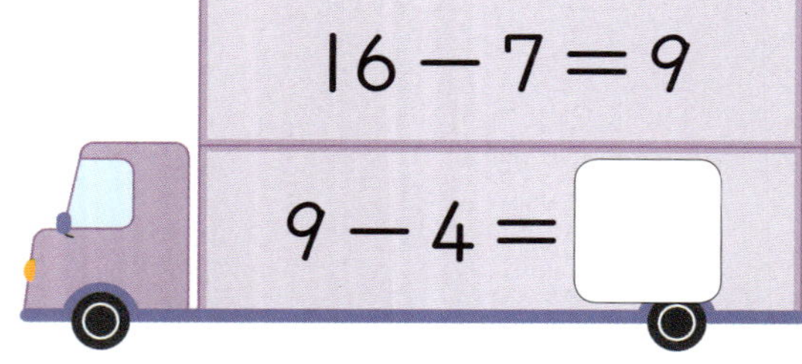

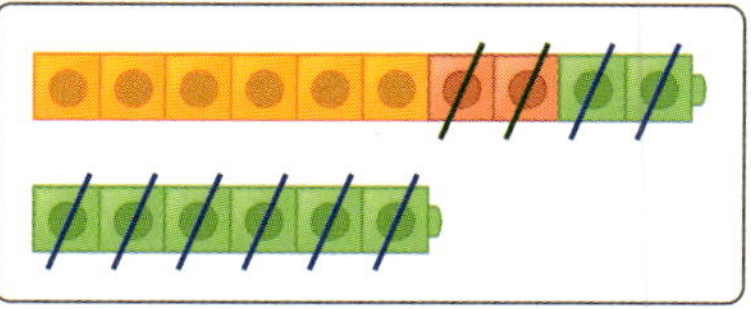

$4 + 7 + 3 = \boxed{}$

$16 - 8 - 2 = \boxed{}$

🌲 ☐ 안에 알맞은 수를 쓰세요.

🌲 ☐ 안에 알맞은 수를 쓰세요.

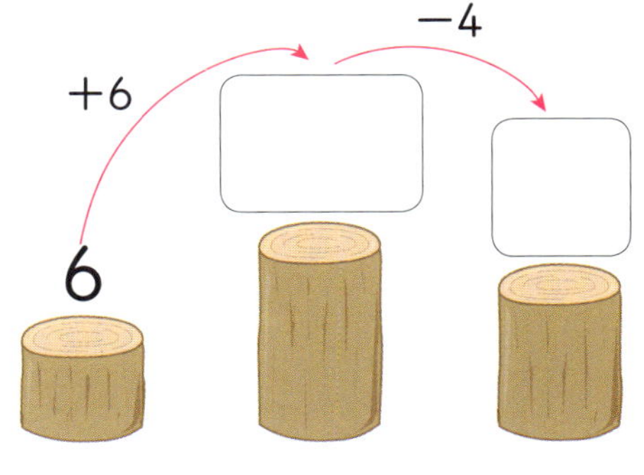

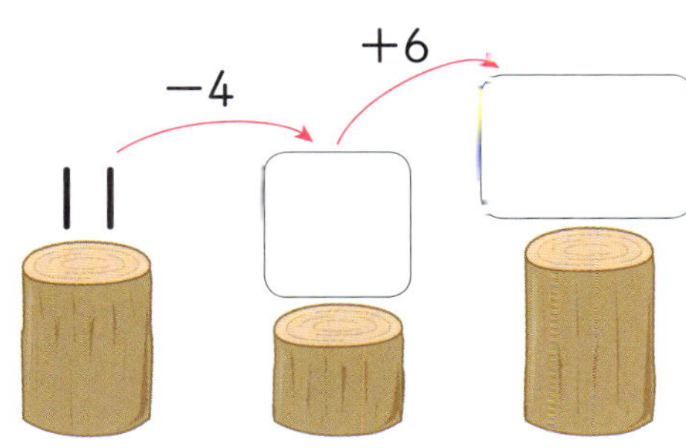

🌲 ☐ 안에 알맞은 수를 쓰세요.

$8 + 5 - 9 =$ ☐

$17 - 9 + 4 =$ ☐

연산력 게임

QR코드를 찍으면 다양한 연산 게임을 할 수 있어요.

전광판에 써 있는 식을 계산해 보세요.

계산한 결과를 아래쪽에서 찾아 손가락으로 누르세요.
13을 누르면 정답입니다.

애벌레에 써 있는 식을 계산해 보세요.

계산한 결과를 아래쪽에서 찾아 손가락으로 끌어서 빈 곳에 넣으세요.
4를 넣으면 정답입니다.

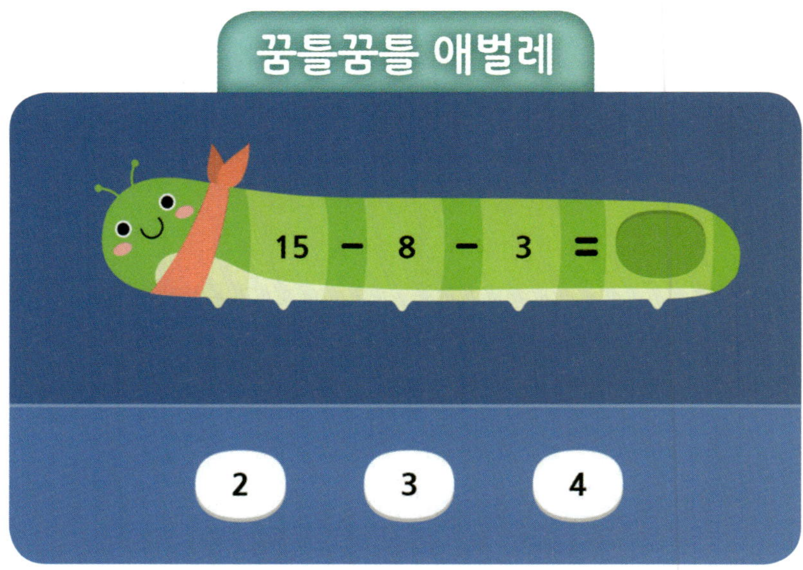

❖ 덧셈을 하세요.

$5 + 7 =$ ☐ $6 + 8 =$ ☐

$3 + 9 =$ ☐ $8 + 4 =$ ☐

$5 + 9 =$ ☐ $9 + 8 =$ ☐

$4 + 8 =$ ☐ $8 + 5 =$ ☐

$7 + 8 =$ ☐ $5 + 8 =$ ☐

$4 + 9 =$ ☐ $3 + 8 =$ ☐

$9 + 6 =$ ☐ $6 + 7 =$ ☐

❖ 뺄셈을 하세요.

$$11 - 4 = \boxed{}$$

$$17 - 9 = \boxed{}$$

$$14 - 8 = \boxed{}$$

$$12 - 3 = \boxed{}$$

$$15 - 9 = \boxed{}$$

$$16 - 8 = \boxed{}$$

$$13 - 7 = \boxed{}$$

$$16 - 9 = \boxed{}$$

$$15 - 6 = \boxed{}$$

$$17 - 8 = \boxed{}$$

$$12 - 5 = \boxed{}$$

$$11 - 7 = \boxed{}$$

$$14 - 6 = \boxed{}$$

$$13 - 8 = \boxed{}$$

❖ 덧셈식을 보고 뺄셈식 2개를 만드세요.

$$8 + 4 = 12$$

➡ $\boxed{} - \boxed{} = \boxed{}$

➡ $\boxed{} - \boxed{} = \boxed{}$

$$7 + 8 = 15$$

➡ $\boxed{} - \boxed{} = \boxed{}$

➡ $\boxed{} - \boxed{} = \boxed{}$

$$6 + 5 = 11$$

➡ $\boxed{} - \boxed{} = \boxed{}$

➡ $\boxed{} - \boxed{} = \boxed{}$

$$9 + 4 = 13$$

➡ $\boxed{} - \boxed{} = \boxed{}$

➡ $\boxed{} - \boxed{} = \boxed{}$

$$5 + 9 = 14$$

➡ $\boxed{} - \boxed{} = \boxed{}$

➡ $\boxed{} - \boxed{} = \boxed{}$

$$3 + 9 = 12$$

➡ $\boxed{} - \boxed{} = \boxed{}$

➡ $\boxed{} - \boxed{} = \boxed{}$

❖ 뺄셈식을 보고 덧셈식 2개를 만드세요.

$17 - 8 = 9$

➡ ☐ + ☐ = ☐

➡ ☐ + ☐ = ☐

$15 - 7 = 8$

➡ ☐ + ☐ = ☐

➡ ☐ + ☐ = ☐

$13 - 6 = 7$

➡ ☐ + ☐ = ☐

➡ ☐ + ☐ = ☐

$11 - 8 = 3$

➡ ☐ + ☐ = ☐

➡ ☐ + ☐ = ☐

$14 - 8 = 6$

➡ ☐ + ☐ = ☐

➡ ☐ + ☐ = ☐

$16 - 9 = 7$

➡ ☐ + ☐ = ☐

➡ ☐ + ☐ = ☐

❖ □ 안에 알맞은 수를 쓰세요.

$5 + \boxed{} = 12$ $8 + \boxed{} = 17$

$7 + \boxed{} = 13$ $4 + \boxed{} = 12$

$\boxed{} + 5 = 14$ $\boxed{} + 9 = 11$

$\boxed{} + 4 = 11$ $\boxed{} + 7 = 13$

$14 - \boxed{} = 8$ $16 - \boxed{} = 7$

$13 - \boxed{} = 8$ $\boxed{} - 6 = 5$

$\boxed{} - 3 = 9$ $\boxed{} - 5 = 8$

❖ ⬜ 안에 알맞은 수를 쓰세요.

$9 + \boxed{} = 14$

$14 - \boxed{} = 9$

$7 + \boxed{} = 12$

$12 - \boxed{} = 7$

$5 + \boxed{} = 13$

$13 - \boxed{} = 5$

$6 + \boxed{} = 12$

$12 - \boxed{} = 6$

$\boxed{} + 8 = 12$

$12 - \boxed{} = 8$

$\boxed{} + 3 = 11$

$11 - \boxed{} = 3$

$\boxed{} + 4 = 13$

$13 - \boxed{} = 4$

$\boxed{} + 6 = 14$

$14 - \boxed{} = 6$

❖ 계산을 하세요.

$4 + 3 + 5 =$

$7 + 2 + 3 =$

$6 + 5 + 7 =$

$4 + 5 + 9 =$

$13 - 4 - 5 =$

$16 - 4 - 5 =$

$14 - 9 - 2 =$

$15 - 8 - 2 =$

$5 + 7 - 3 =$

$6 + 9 - 7 =$

$4 + 8 - 5 =$

$17 - 9 + 8 =$

$12 - 4 + 5 =$

$16 - 8 + 3 =$

221　더하고 덜어 내기

6 · 7

지오는 주스가 놓여 있는 식탁에 주스 몇 병을 더 가지고 왔어요.

$9 + 5 = \boxed{14}$

🌱 그림을 보고 덧셈을 하세요.

 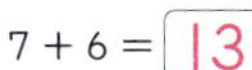
$7 + 6 = \boxed{13}$

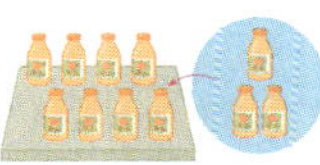
$8 + 3 = \boxed{11}$

 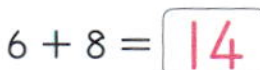
$6 + 8 = \boxed{14}$

$5 + 7 = \boxed{12}$

🌱 덧셈을 하세요.

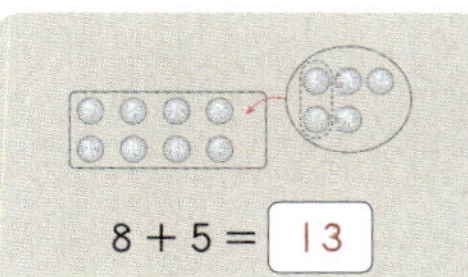 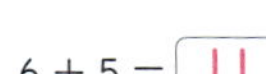

$8 + 5 = \boxed{13}$

$6 + 5 = \boxed{11}$ 　　 $9 + 4 = \boxed{13}$

$6 + 8 = \boxed{14}$ 　　 $8 + 7 = \boxed{15}$

$3 + 9 = \boxed{12}$ 　　 $7 + 6 = \boxed{13}$

$9 + 7 = \boxed{16}$ 　　 $8 + 9 = \boxed{17}$

---

8 · 9

태경이는 식탁에 놓여 있는 주스 중에서 몇 병을 마셨어요.

$14 - 6 = \boxed{8}$

🌱 그림을 보고 뺄셈을 하세요.

 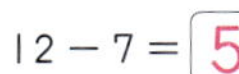
$12 - 7 = \boxed{5}$

$11 - 3 = \boxed{8}$

 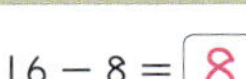
$16 - 8 = \boxed{8}$

$14 - 5 = \boxed{9}$

🌱 뺄셈을 하세요.

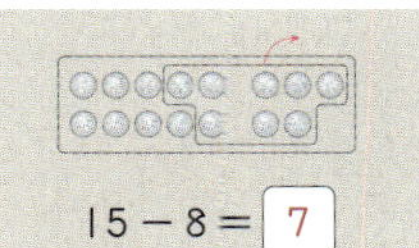 

$15 - 8 = \boxed{7}$

$11 - 5 = \boxed{6}$ 　　 $12 - 7 = \boxed{5}$

$17 - 9 = \boxed{8}$ 　　 $11 - 8 = \boxed{3}$

$13 - 6 = \boxed{7}$ 　　 $15 - 6 = \boxed{9}$

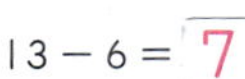
$14 - 8 = \boxed{6}$ 　　 $12 - 4 = \boxed{8}$

10·11

222 모으고 비교하기

$6 + 7 = 13$

● 그림을 보고 덧셈을 하세요.

$8 + 3 = 11$

$8 + 8 = 16$

$7 + 5 = 12$

$4 + 9 = 13$

● 덧셈을 하세요.

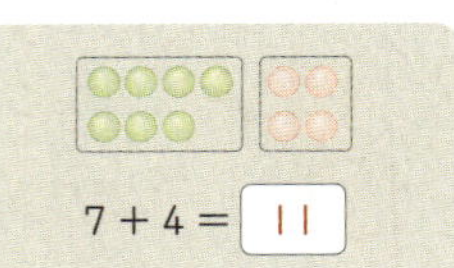

$7 + 4 = 11$

$8 + 6 = 14$ $2 + 9 = 11$

$5 + 7 = 12$ $9 + 7 = 16$

$7 + 8 = 15$ $8 + 5 = 13$

$8 + 9 = 17$ $6 + 6 = 12$

12·13

$14 - 8 = 6$

● 그림을 보고 뺄셈을 하세요.

$13 - 4 = 9$

$15 - 7 = 8$

$11 - 7 = 4$

● 뺄셈을 하세요.

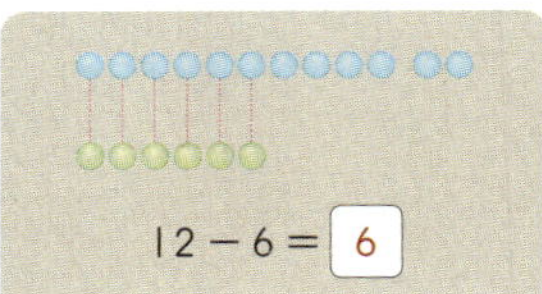

$12 - 6 = 6$

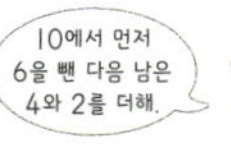 

$13 - 8 = 5$ $11 - 2 = 9$

$15 - 7 = 8$ $11 - 8 = 3$

$15 - 8 = 7$ $12 - 8 = 4$

$18 - 9 = 9$ $13 - 7 = 6$

공부한 날
월
일

223 더하고 빼기

올라가면 수가 커지고, 내려가면 수가 작아져요.

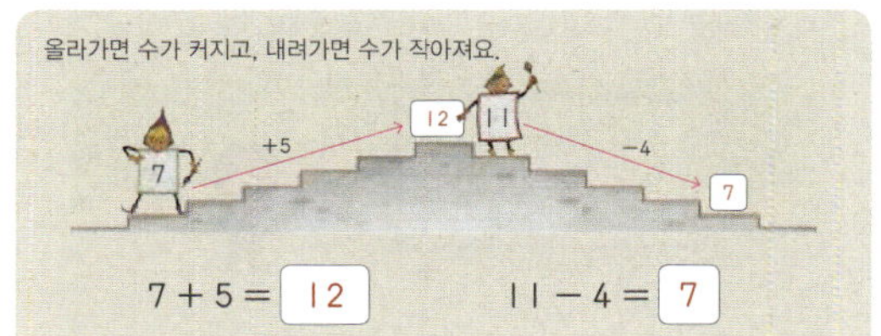

$$7 + 5 = 12 \qquad 11 - 4 = 7$$

● 빈칸에 알맞은 수를 써넣고 덧셈과 뺄셈을 하세요.

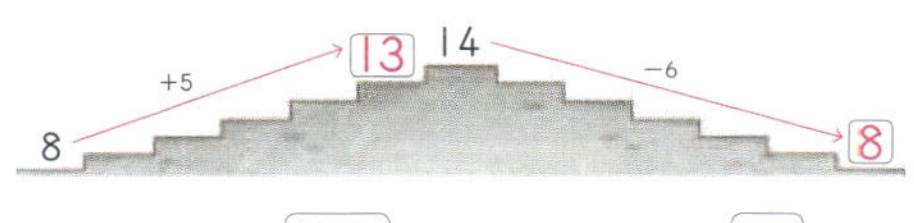

$$8 + 5 = 13 \qquad 14 - 6 = 8$$

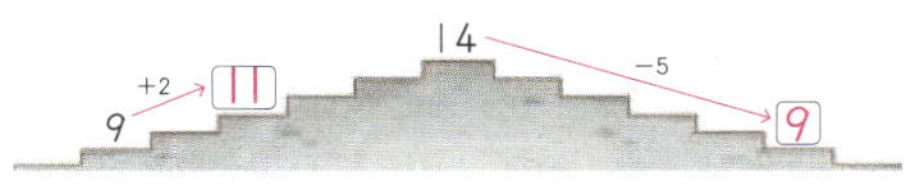

$$9 + 2 = 11 \qquad 14 - 5 = 9$$

● 덧셈과 뺄셈을 하세요.

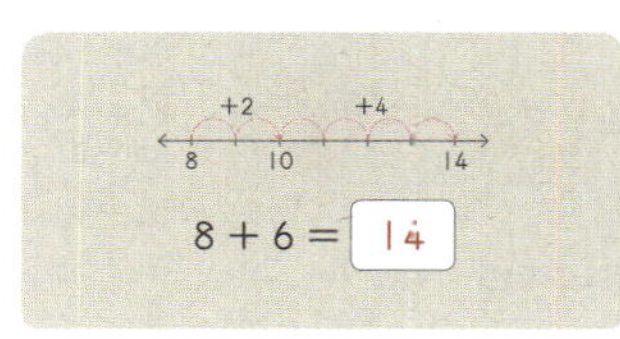

$$8 + 6 = 14$$

$$4 + 8 = 12 \qquad 7 + 6 = 13$$

$$9 + 8 = 17 \qquad 4 + 7 = 11$$

$$12 - 5 = 7 \qquad 17 - 8 = 9$$

$$14 - 6 = 8 \qquad 13 - 5 = 8$$

지오는 통나무의 길이를 보면서 덧셈과 뺄셈을 하고 있어요.

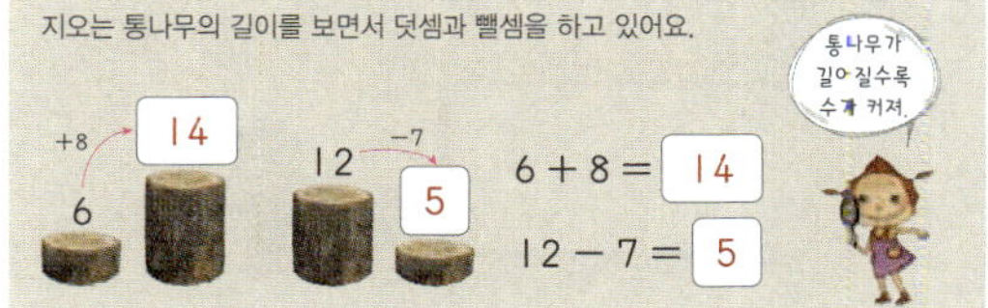

$$6 + 8 = 14$$
$$12 - 7 = 5$$

● 빈칸에 알맞은 수를 써넣고 덧셈과 뺄셈을 하세요.

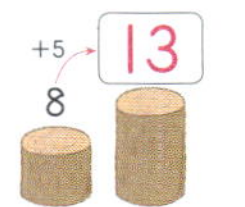 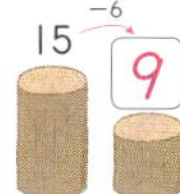

$$8 + 5 = 13$$
$$15 - 6 = 9$$

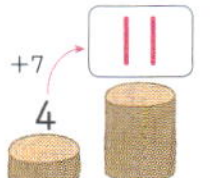 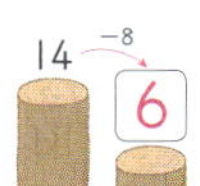 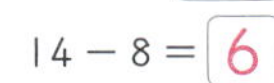

$$4 + 7 = 11$$
$$14 - 8 = 6$$

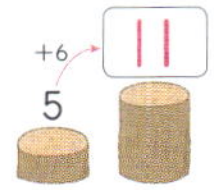 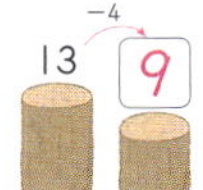

$$5 + 6 = 11$$
$$13 - 4 = 9$$

● 덧셈과 뺄셈을 하세요.

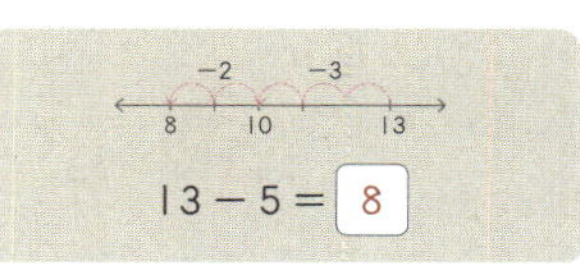

$$13 - 5 = 8$$

$$8 + 7 = 15 \qquad 6 + 6 = 2$$

$$9 + 2 = 11 \qquad 4 + 9 = 13$$

$$13 - 7 = 6 \qquad 16 - 8 = 8$$

$$11 - 6 = 5 \qquad 17 - 8 = 9$$

224 +와 −

18 · 19

13에서 출발한 벌이 올바른 식이 만들어지도록 8을 향해 날아갔어요.

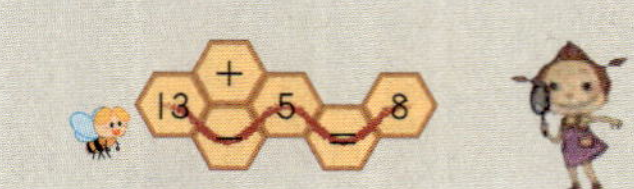

🌱 올바른 식이 되도록 선을 그으세요.

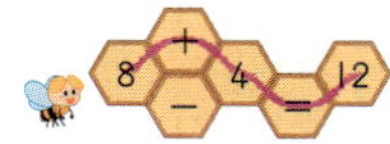

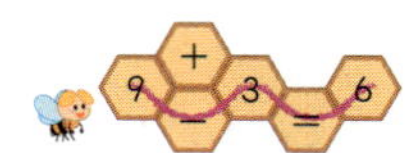

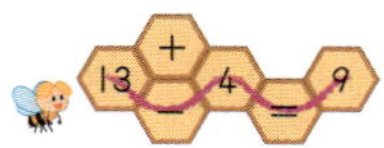

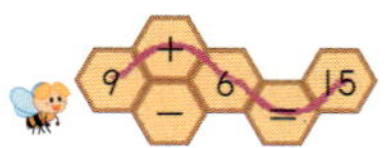

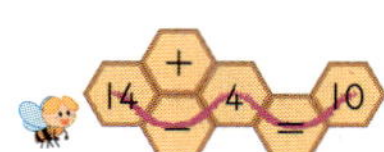

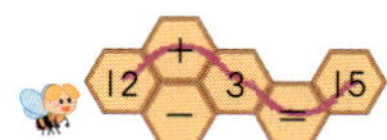

🌱 올바른 식이 되도록 ○ 안에 + 또는 −를 쓰세요.

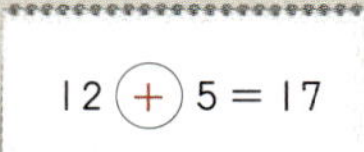

$7 ⊕ 4 = 11$ $15 ⊖ 6 = 9$

$14 ⊕ 5 = 19$ $17 ⊖ 9 = 8$

$8 ⊖ 4 = 4$ $5 ⊕ 7 = 12$

$3 ⊕ 9 = 12$ $12 ⊖ 6 = 6$

---

20 · 21

작은 눈덩이가 굴러오면서 큰 눈덩이가 됐어요.

🌱 ○ 안에는 + 또는 −, ⬜ 에는 알맞은 수를 쓰세요.

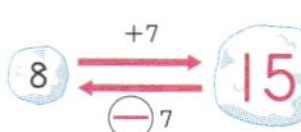

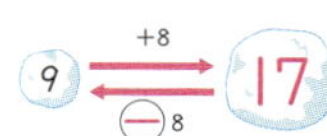

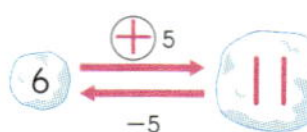

🌱 올바른 식이 되도록 ○ 안에 + 또는 −를 쓰세요.

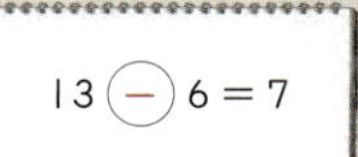

$15 ⊖ 6 = 9$ $7 ⊖ 5 = 2$

$7 ⊕ 4 = 11$ $12 ⊖ 3 = 9$

$11 ⊕ 4 = 15$ $9 ⊕ 7 = 16$

$5 ⊕ 8 = 13$ $18 ⊖ 9 = 9$

225 결과가 같은 식

태경이는 연못에 빠진 카드 중 계산 결과가 12인 카드를 건져야 해요.

🌱 계산 결과가 🚩 안의 수가 되는 덧셈식을 모두 찾아 ◯표 하세요.

11	4 + 8	(7 + 4)
	(2 + 9)	3 + 7

15	7 + 7	5 + 9
	(7 + 8)	(9 + 6)

14	7 + 5	(8 + 6)
	5 + 8	(9 + 5)

16	9 + 6	(8 + 8)
	(7 + 9)	9 + 9

13	(6 + 7)	(8 + 5)
	7 + 8	3 + 9

12	(6 + 6)	5 + 6
	8 + 3	(4 + 8)

🌱 계산 결과가 11인 덧셈식만 따라 선을 그어 미로를 빠져나가 보세요.

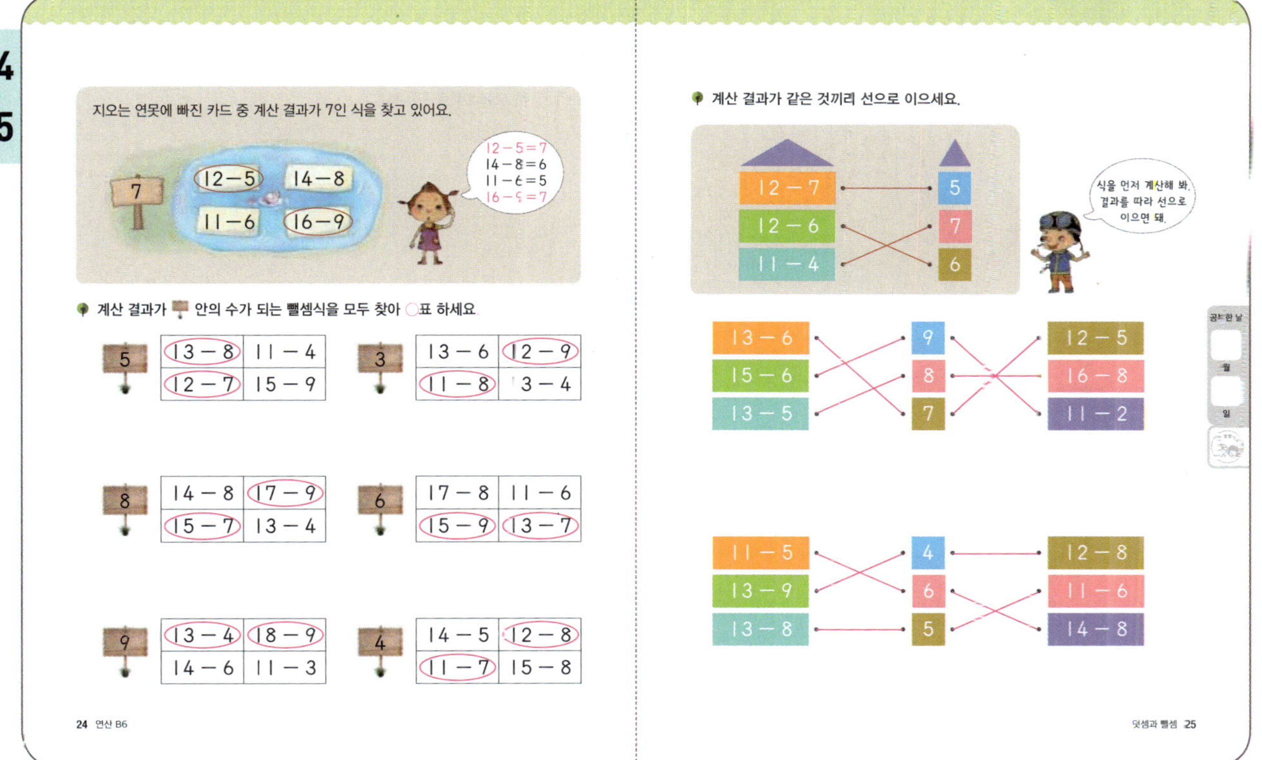

지오는 연못에 빠진 카드 중 계산 결과가 7인 식을 찾고 있어요.

🌱 계산 결과가 🚩 안의 수가 되는 뺄셈식을 모두 찾아 ◯표 하세요.

5	(13 − 8)	11 − 4
	(12 − 7)	15 − 9

3	13 − 6	(12 − 9)
	(11 − 8)	3 − 4

8	14 − 8	(17 − 9)
	(15 − 7)	13 − 4

6	17 − 8	11 − 6
	(15 − 9)	(13 − 7)

9	(13 − 4)	(18 − 9)
	14 − 6	11 − 3

4	14 − 5	(12 − 8)
	(11 − 7)	15 − 8

🌱 계산 결과가 같은 것끼리 선으로 이으세요.

정답 **5**

26·27

무엇을 배웠을까요

🌲 그림을 보고 덧셈을 하세요.

 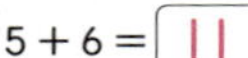 $5 + 6 = \boxed{11}$

 $7 + 5 = \boxed{12}$

🌲 그림을 보고 뺄셈을 하세요.

 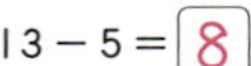 $13 - 5 = \boxed{8}$

 $15 - 8 = \boxed{7}$

🌲 그림을 보고 덧셈을 하세요.

  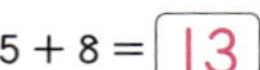 $5 + 8 = \boxed{13}$

 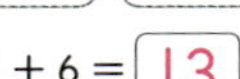 $7 + 6 = \boxed{13}$

🌲 그림을 보고 뺄셈을 하세요.

$14 - 6 = \boxed{8}$

🌲 덧셈과 뺄셈을 하세요.

$8 + 4 = \boxed{12}$ $\qquad$ $13 - 7 = \boxed{6}$

🌲 ◯ 안에는 + 또는 −, ◯에는 알맞은 수를 쓰세요.

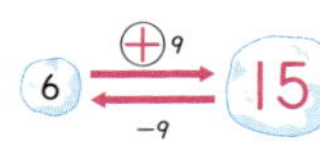

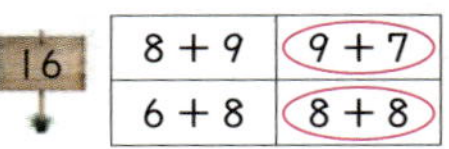 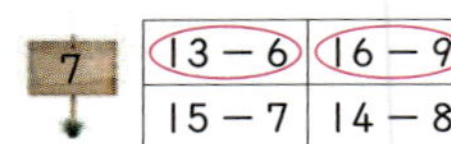

🌲 계산 결과가 ▦ 안의 수가 되는 식을 모두 찾아 ◯표 하세요.

16	8 + 9	(9 + 7)
	6 + 8	(8 + 8)

7	(13 − 6)	(16 − 9)
	15 − 7	14 − 8

30·31

226 같은 수의 덧셈과 뺄셈

$8 - 4 = \boxed{4}$

$8 + 4 = \boxed{12}$

🌱 그림을 보고 계산을 하세요.

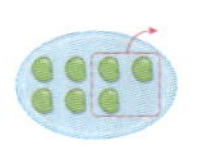  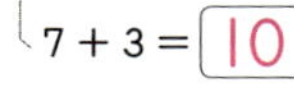

$7 - 3 = \boxed{4}$
$7 + 3 = \boxed{10}$

$9 - 6 = \boxed{3}$
$9 + 6 = \boxed{15}$

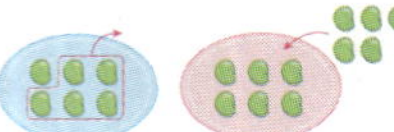

$6 - 5 = \boxed{1}$
$6 + 5 = \boxed{11}$

🌱 덧셈과 뺄셈을 하세요.

$6 - 4 = \boxed{2}$
$6 + 4 = \boxed{10}$

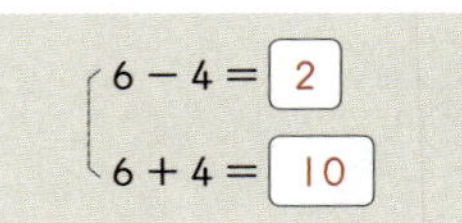 

$7 - 6 = \boxed{1}$
$7 + 6 = \boxed{13}$

$9 - 7 = \boxed{2}$
$9 + 7 = \boxed{16}$

$6 - 5 = \boxed{1}$
$6 + 5 = \boxed{11}$

$8 - 6 = \boxed{2}$
$8 + 6 = \boxed{14}$

$9 - 8 = \boxed{1}$
$9 + 8 = \boxed{17}$

$7 - 4 = \boxed{3}$
$7 + 4 = \boxed{11}$

태경이와 지오가 반대 방향으로 같은 거리만큼 뛰었어요.

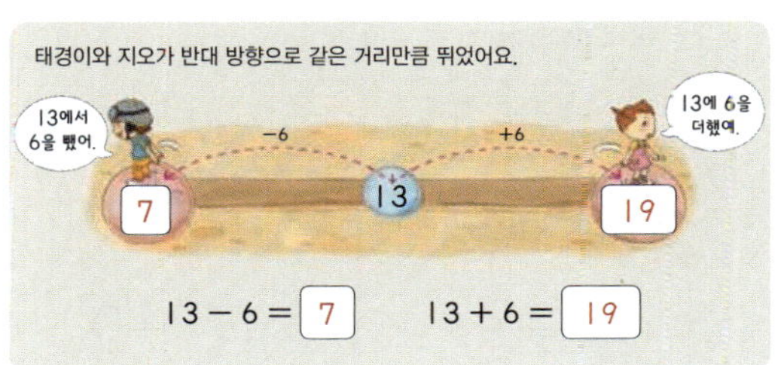

$13 - 6 = 7$ $13 + 6 = 19$

● ☐ 안에 알맞은 수를 쓰세요.

$11 - 2 = 9$ $11 + 2 = 13$

$12 - 5 = 7$ $12 + 5 = 17$

● 덧셈과 뺄셈을 하세요.

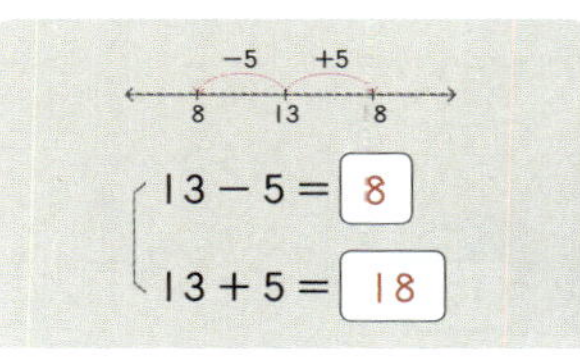

$11 - 3 = 8$ $13 - 4 = 9$
$11 + 3 = 14$ $13 + 4 = 17$

$12 - 7 = 5$ $12 - 6 = 6$
$12 + 7 = 19$ $12 + 6 = 18$

$11 - 4 = 7$ $14 - 5 = 9$
$11 + 4 = 15$ $4 + 5 = 19$

공부한날
월
일

---

227 덧셈과 뺄셈의 관계

공원에 나무가 있는데 그중 몇 그루를 다른 곳에 심으려고 해요.

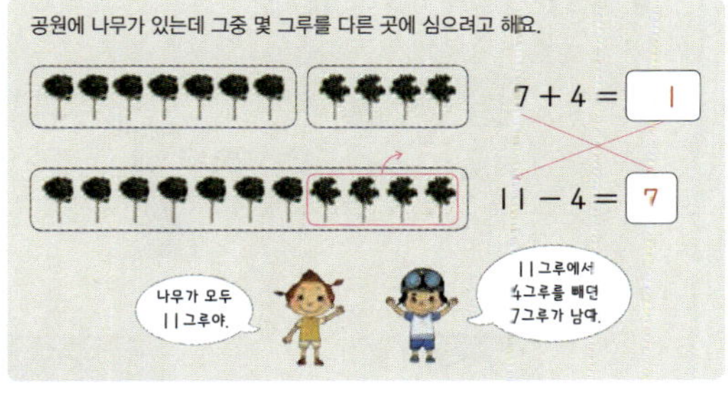

● 그림을 보고 ☐ 안에 알맞은 수를 쓰세요.

$8 + 5 = 13$
$13 - 5 = 8$

$7 + 7 = 14$
$14 - 7 = 7$

● 덧셈과 뺄셈을 하세요.

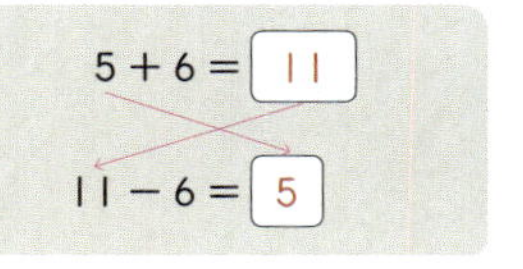

$8 + 7 = 15$ $4 + 8 = 12$
$15 - 7 = 8$ $12 - 8 = 4$

$9 + 5 = 14$ $7 + 6 = 13$
$14 - 5 = 9$ $13 - 6 = 7$

$7 + 9 = 16$ $6 + 6 = 12$
$16 - 9 = 7$ $12 - 6 = 6$

36 · 37

지오는 집에서 학교에 갔다가 다시 집으로 되돌아왔어요.

$12 - 4 = 8$

$8 + 4 = 12$

🌱 ☐ 안에 알맞은 수를 쓰세요.

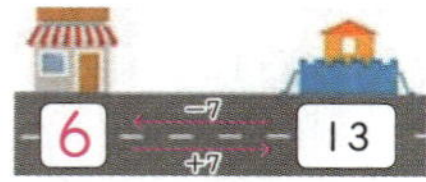

$13 - 7 = 6$

$6 + 7 = 13$

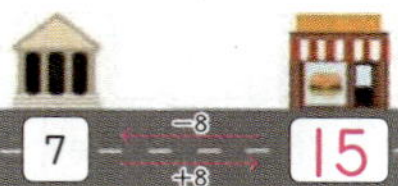

$11 - 2 = 9$

$9 + 2 = 11$

$15 - 8 = 7$

$7 + 8 = 15$

🌱 덧셈과 뺄셈을 하세요.

$14 - 5 = 9$

$9 + 5 = 14$

$12 - 7 = 5$

$5 + 7 = 12$

$15 - 9 = 6$

$6 + 9 = 15$

$11 - 3 = 8$

$8 + 3 = 11$

$13 - 5 = 8$

$8 + 5 = 13$

$14 - 7 = 7$

$7 + 7 = 14$

$17 - 8 = 9$

$9 + 8 = 17$

공부한 날
월
일

38 · 39

228 뺄셈식 만들기

태경이는 식물원에서 튤립과 장미를 보았어요.

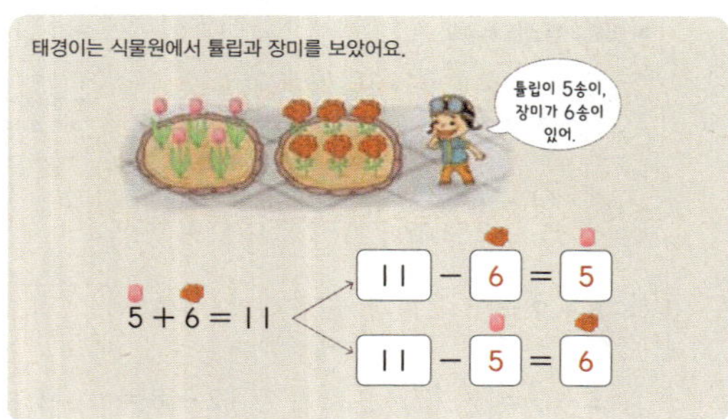

🌱 덧셈식을 보고 뺄셈식 2개를 만드세요.

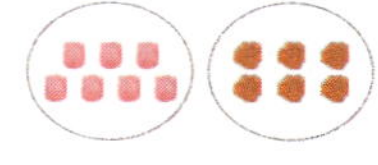

$7 + 6 = 13$

$13 - 6 = 7$

$13 - 7 = 6$

$8 + 9 = 17$

$17 - 9 = 8$

$17 - 8 = 9$

🌱 덧셈식을 보고 뺄셈식 2개를 만드세요.

$9 + 4 = 13$

➡ $13 - 4 = 9$

➡ $13 - 9 = 4$

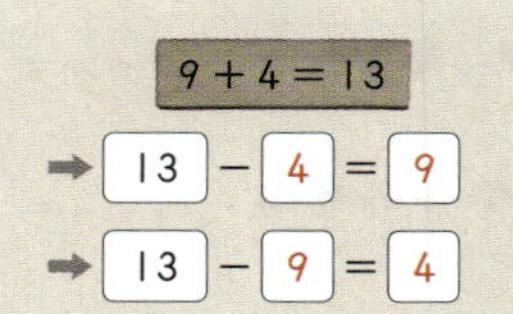
$7 + 8 = 15$

➡ $15 - 8 = 7$

➡ $15 - 7 = 8$

$8 + 5 = 13$

➡ $13 - 5 = 8$

➡ $13 - 8 = 5$

$9 + 7 = 16$

➡ $16 - 7 = 9$

➡ $16 - 9 = 7$

$4 + 8 = 12$

➡ $12 - 8 = 4$

➡ $12 - 4 = 8$

케이크를 이용해서 덧셈식을 뺄셈식으로 바꾸려고 해요.

$6 + 7 = 13$

$13 - 7 = 6$

$13 - 6 = 7$

🍀 그림을 보고 뺄셈식 2개를 만드세요.

$4 + 7 = 11$

$11 - 7 = 4$

$11 - 4 = 7$

$8 + 4 = 12$

$12 - 4 = 8$

$12 - 8 = 4$

🍀 덧셈식을 보고 뺄셈식 2개를 만드세요.

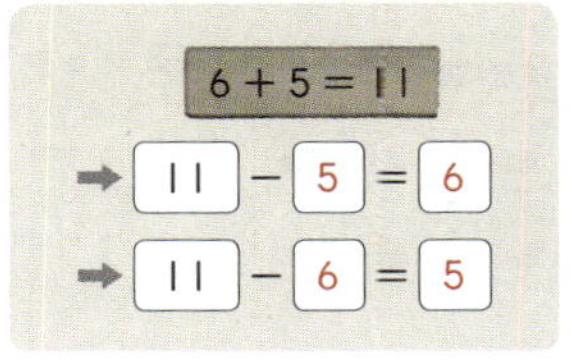

$6 + 5 = 11$

$11 - 5 = 6$

$11 - 6 = 5$

$9 + 3 = 12$

$12 - 3 = 9$

$12 - 9 = 3$

$8 - 6 = 14$

$4 - 6 = 8$

$14 - 8 = 6$

$3 + 8 = 11$

$11 - 8 = 3$

$11 - 3 = 8$

$8 + 9 = 17$

$17 - 9 = 8$

$17 - 8 = 9$

---

229 덧셈식 만들기

태경이는 나무에 앉아 있던 새들이 날아가는 것을 보았어요.

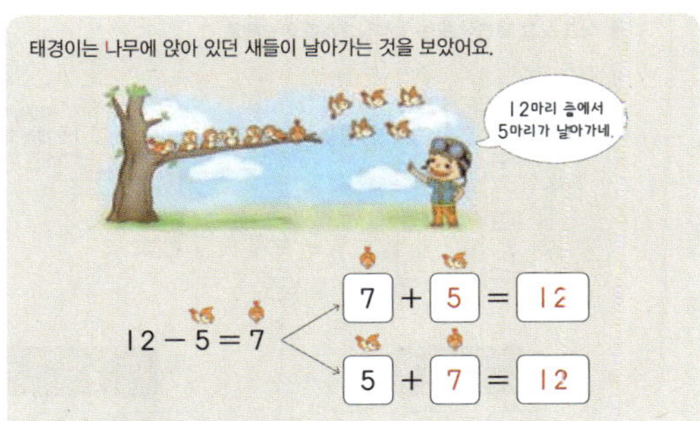

$12 - 5 = 7$

$7 + 5 = 12$

$5 + 7 = 12$

🍀 뺄셈식을 보고 덧셈식 2개를 만드세요.

$14 - 6 = 8$

$8 + 6 = 14$

$6 + 8 = 14$

$13 - 4 = 9$

$9 + 4 = 13$

$4 + 9 = 13$

🍀 뺄셈식을 보고 덧셈식 2개를 만드세요.

$15 - 8 = 7$

$7 + 8 = 15$

$8 + 7 = 15$

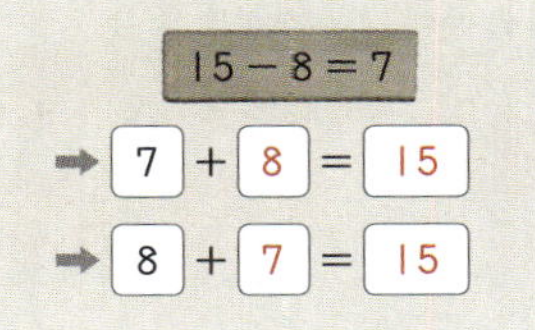

$17 - 8 = 9$

$9 + 8 = 17$

$8 + 9 = 17$

$12 - 8 = 4$

$4 + 8 = 12$

$8 + 4 = 12$

$11 - 5 = 6$

$6 + 5 = 11$

$5 + 6 = 11$

$16 - 9 = 7$

$7 + 9 = 16$

$9 + 7 = 16$

44 · 45

도토리와 밤을 이용해서 뺄셈식을 덧셈식으로 바꾸려고 해요.

$13 - 6 = 7$

$7 + 6 = 13$
$6 + 7 = 13$

그림을 보고 덧셈식 2개를 만드세요.

$12 - 8 = 4$

$4 + 8 = 12$
$8 + 4 = 12$

$11 - 3 = 8$

$8 + 3 = 11$
$3 + 8 = 11$

뺄셈식을 보고 덧셈식 2개를 만드세요.

$15 - 8 = 7$

$7 + 8 = 15$
$8 + 7 = 15$

$13 - 4 = 9$

$9 + 4 = 13$
$4 + 9 = 13$

$14 - 9 = 5$

$5 + 9 = 14$
$9 + 5 = 14$

$11 - 5 = 6$

$6 + 5 = 11$
$5 + 6 = 11$

$16 - 9 = 7$

$7 + 9 = 16$
$9 + 7 = 16$

공부한 날
월
일

46 · 47

230 식 만들기

태경이는 덧셈식 블록으로 뺄셈식 블록을 만들고 있어요.

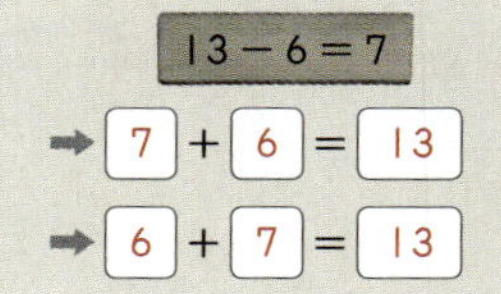

$9 + 2 = 11$

$11 - 2 = 9$
$11 - 9 = 2$

왼쪽 식을 보고 덧셈식 또는 뺄셈식 2개를 만드세요.

$5 + 7 = 12$

$12 - 7 = 5$
$12 - 5 = 7$

$15 - 6 = 9$

$9 + 6 = 15$
$6 + 9 = 15$

$14 - 8 = 6$

$6 + 8 = 14$
$8 + 6 = 14$

식을 보고 덧셈식 또는 뺄셈식 2개를 만드세요.

$13 - 6 = 7$

$7 + 6 = 13$
$6 + 7 = 13$

$4 + 9 = 13$

$13 - 9 = 4$
$13 - 4 = 9$

$9 + 8 = 17$

$17 - 8 = 9$
$17 - 9 = 8$

$12 - 7 = 5$

$5 + 7 = 12$
$7 + 5 = 12$

$11 - 9 = 2$

$2 + 9 = 11$
$9 + 2 = 11$

주어진 세 수로 덧셈식과 뺄셈식을 완성하면 자물쇠가 열려요.

🌲 주어진 수만 사용하여 덧셈식과 뺄셈식을 완성하세요.

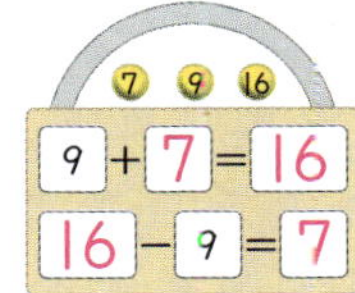

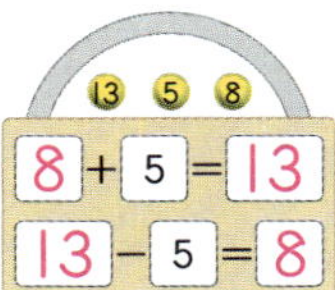

🍃 주어진 수만 사용하여 덧셈식과 뺄셈식을 완성하세요.

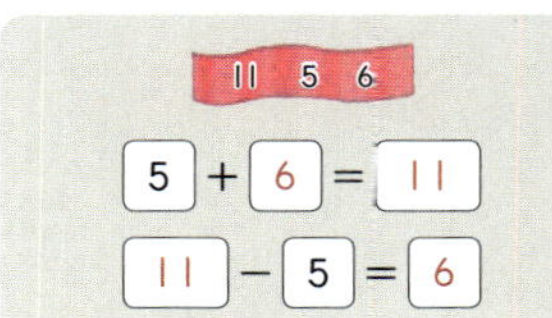

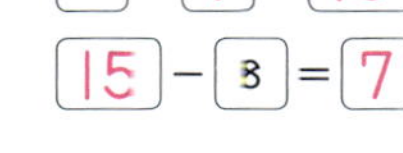

5 + 9 = 14
14 - 5 = 9

8 + 7 = 15
15 - 8 = 7

6 + 7 = 13
13 - 6 = 7

3 + 8 = 11
11 - 3 = 8

❄ 무엇을 배웠을까요

🌲 ☐ 안에 알맞은 수를 쓰세요.

14 - 5 = 9   14 + 5 = 19

🌲 ☐ 안에 알맞은 수를 쓰세요.

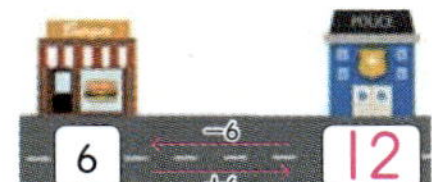

12 - 6 = 6
6 + 6 = 12

🌲 그림을 보고 뺄셈식 2개를 만드세요.

5 + 8 = 13

13 - 8 = 5

13 - 5 = 8

🌲 그림을 보고 덧셈식 2개를 만드세요.

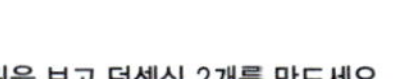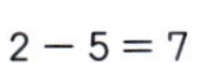

7 + 5 = 12

5 + 7 = 12

🌲 덧셈식을 보고 뺄셈식 2개를 만드세요.

🌲 주어진 수만 사용하여 덧셈식과 뺄셈식을 완성하세요.

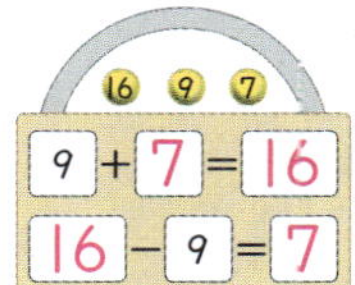

231 그림 덧셈

54
55

빵이 모두 14개가 되려면 몇 개 더 있어야 하는지 알아보고 있어요.

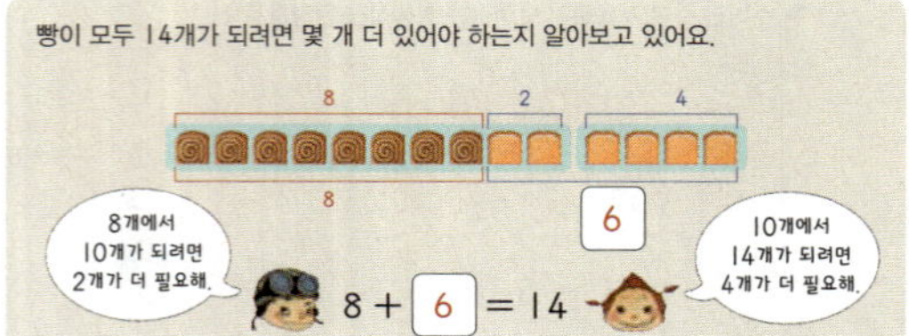

● 그림을 보고 ☐ 안에 알맞은 수를 쓰세요.

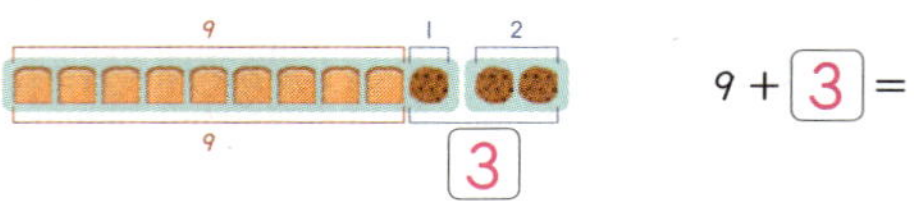

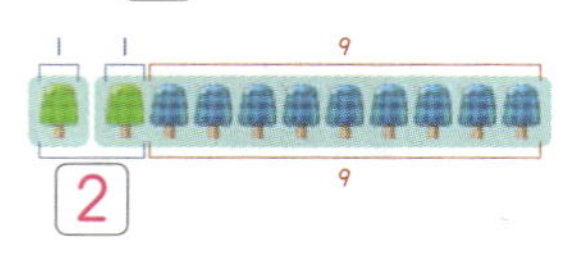

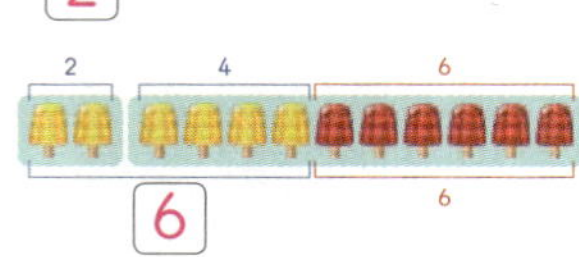

● ☐ 안에 알맞은 수를 쓰세요.

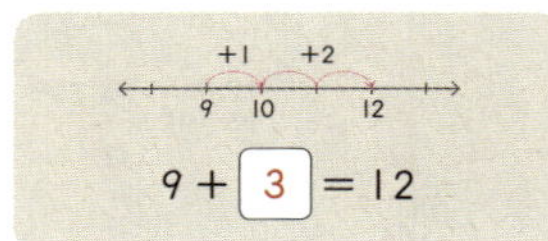

+2 +1
8 10 11
8 + 3 = 11

+3 +2
7 10 12
7 + 5 = 12

+1 +4
9 10 14
9 + 5 = 14

+2 +2
8 10 12
8 + 4 = 12

+3 +3
7 10 13
7 + 6 = 13

+4 +1
6 10 11
6 + 5 = 11

56
57

하드가 모두 13개가 되려면 몇 개 더 있어야 하는지 알아보고 있어요.

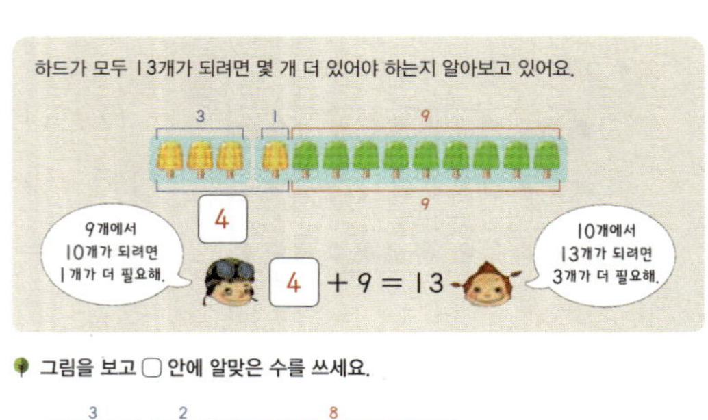

● 그림을 보고 ☐ 안에 알맞은 수를 쓰세요.

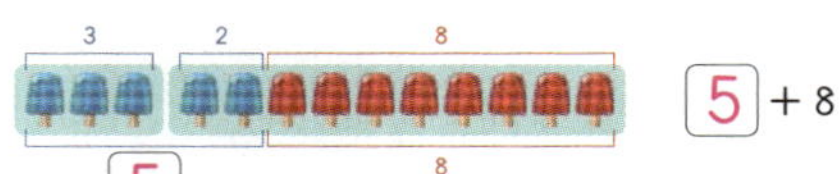

1 1
9
2
2 + 9 = 11

2 4 6
6
6
6 + 6 = 12

● ☐ 안에 알맞은 수를 쓰세요.

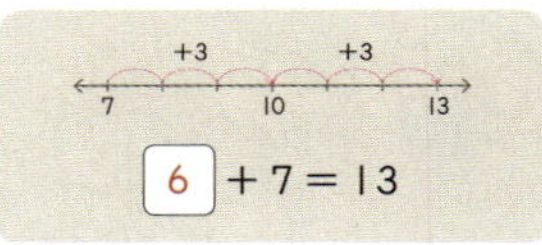

+1 +2
9 10 12
3 + 9 = 12

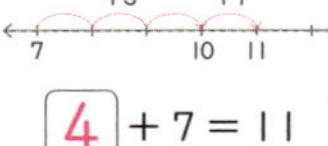

+2 +4
8 10 14
6 + 8 = 14

+1 +3
9 10 13
4 + 9 = 13

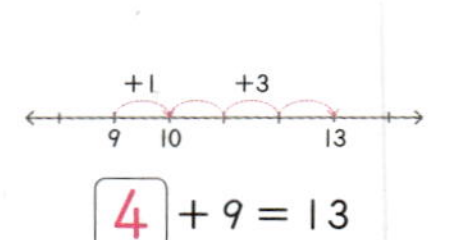

+1 +5
9 10 15
6 + 9 = 15

232 □가 있는 덧셈

지오는 8과 더해서 15가 되는 수를 찾으려고 해요.

🎈 빈 곳에 알맞은 수를 쓰세요.

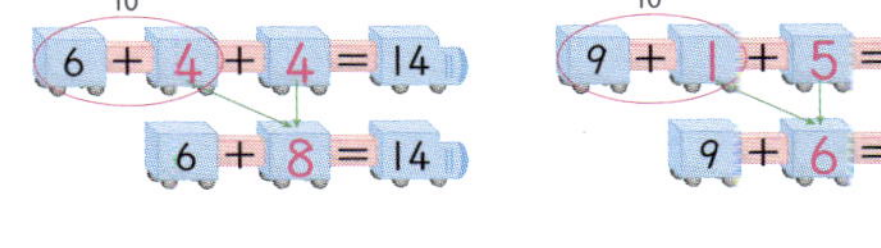

🎈 □안에 알맞은 수를 쓰세요.

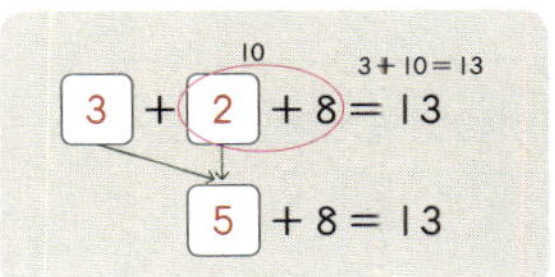

10   3+10=13
3 + 2 + 8 = 13
5 + 8 = 13

10
5 + 5 + 3 = 13
5 + 8 = 13

10
6 − 4 + 1 = 11
6 + 5 = 11

10
4 + 6 + 2 = 12
4 + 8 = 12

10
4 + 3 + 7 = 14
7 + 7 = 14

10
5 + 3 + 7 = 15
8 + 7 = 15

10
7 + 1 + 9 = 17
8 + 9 = 17

자동차는 올바른 식이 되는 길로 가야만 해요.

🎈 올바른 식이 되도록 선을 그으세요.

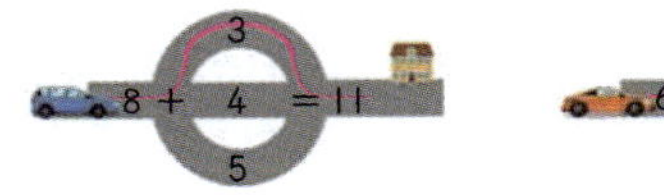

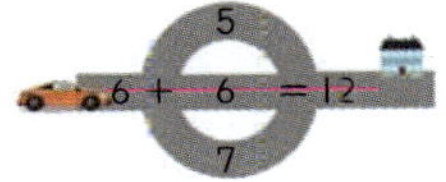

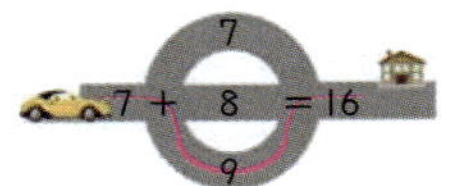

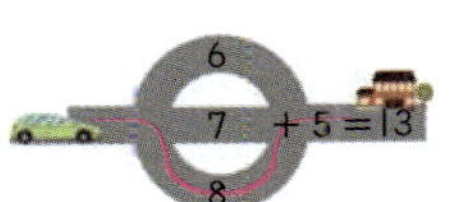

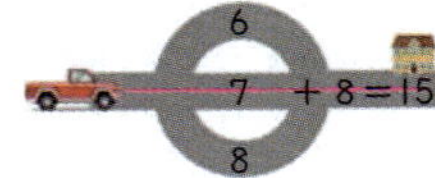

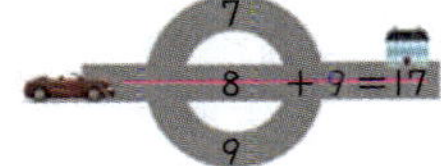

🌳 □안에 알맞은 수를 쓰세요.

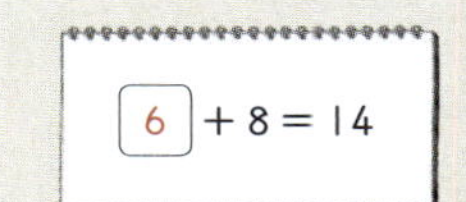
6 + 8 = 14

6 + 7 = 13

9 + 2 = 11

8 + 8 = 16

9 + 6 = 15

8 + 3 = 11

7 + 5 = 12

9 + 8 = 17

5 + 8 = 13

정답 13

62
63

233 그림 뺄셈

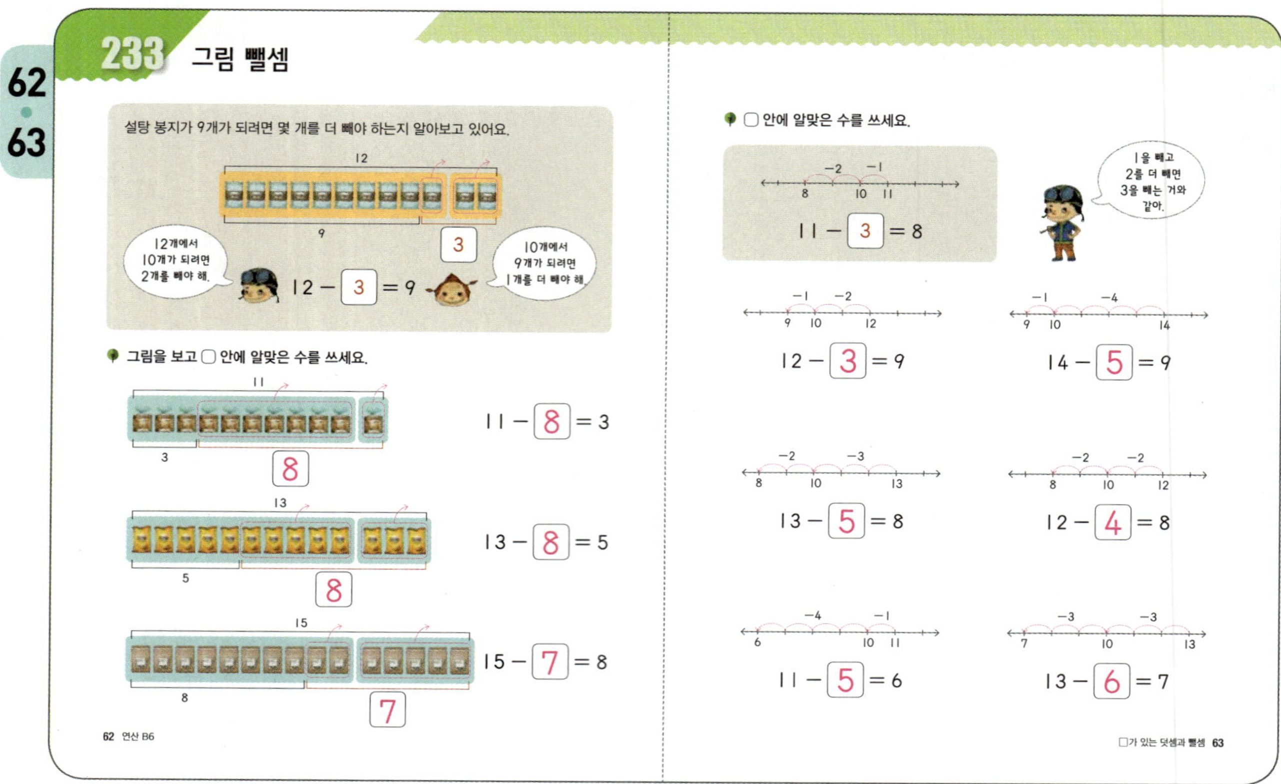

64
65

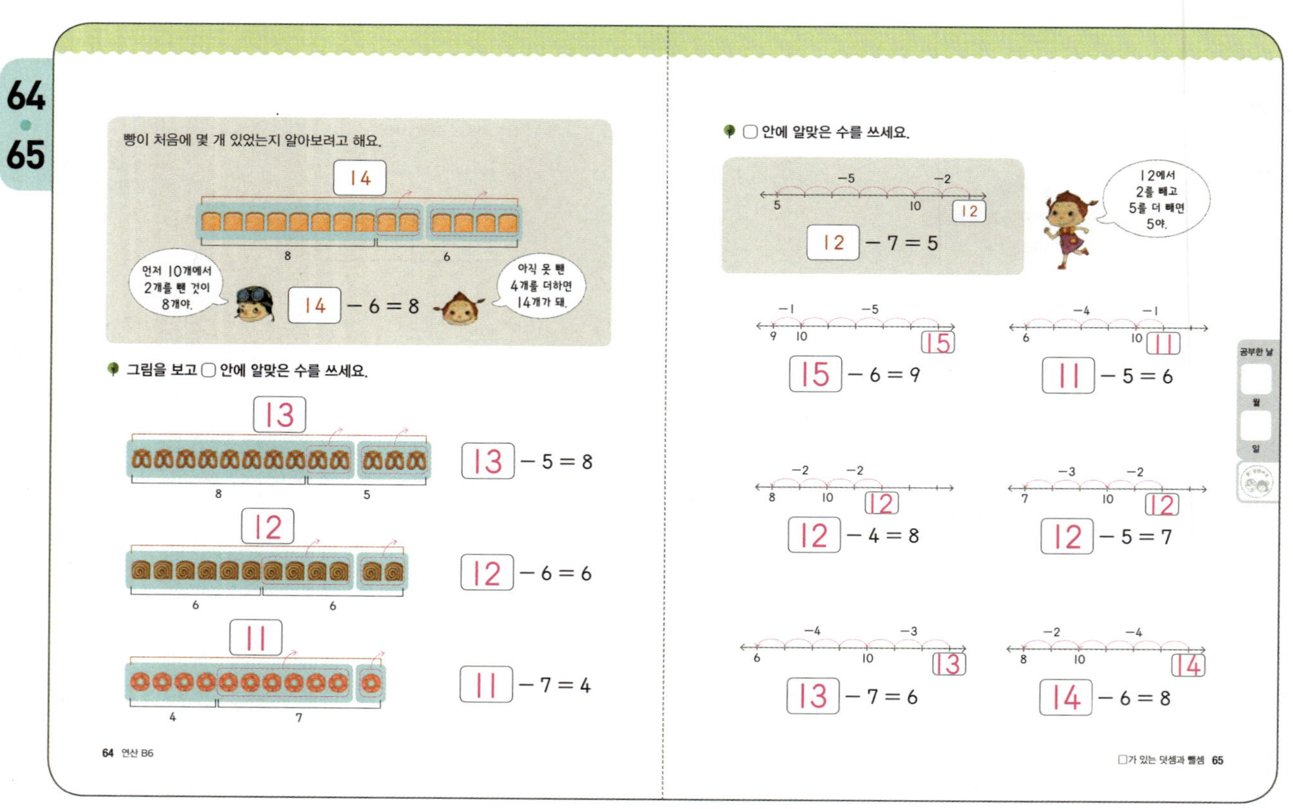

234 □가 있는 뺄셈

● 빈 곳에 알맞은 수를 쓰세요.

● □ 안에 알맞은 수를 쓰세요.

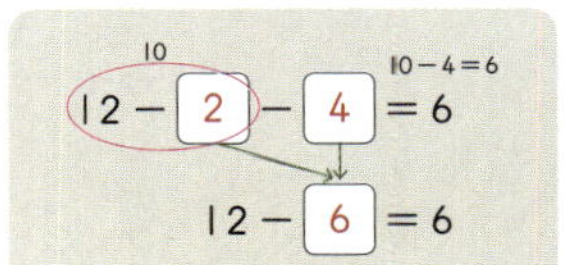

$14 - 4 - 1 = 9$
$14 - 5 = 9$

$13 - 3 - 3 = 7$
$13 - 6 = 7$

$11 - 1 - 6 = 4$
$11 - 7 = 4$

$10 - 5 + 3 = 8$
$13 - 5 = 3$

$10 - 8 + 7 = 9$
$17 - 8 = 9$

$10 - 7 + 2 = 5$
$12 - 7 = 5$

자동차를 타고 올바른 식이 되는 길로 가려고 해요.

● 올바른 식이 되도록 선을 그으세요.

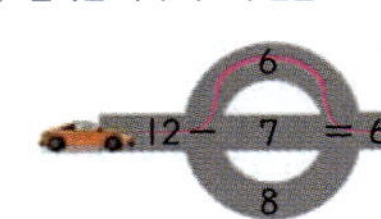

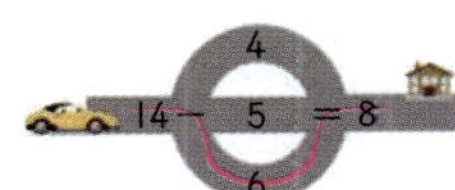

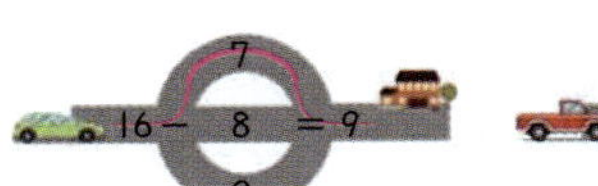

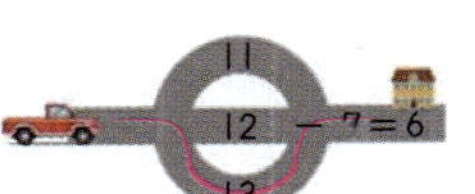

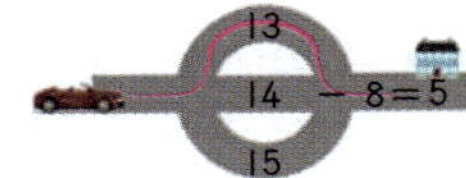

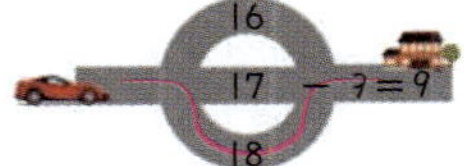

● □ 안에 알맞은 수를 쓰세요.

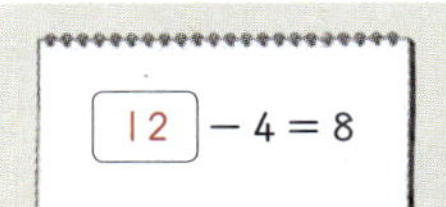

$11 - 3 = 8$

$13 - 4 = 9$

$15 - 9 = 6$

$12 - 8 = 4$

$12 - 5 = 7$

$14 - 8 = 6$

$16 - 7 = 9$

$11 - 6 = 5$

235 □가 있는 덧셈과 뺄셈

$5 + \boxed{8} = 13$ $13 - \boxed{8} = 5$

● □ 안에 알맞은 수를 쓰세요.

$9 + \boxed{2} = 11$ $7 + \boxed{8} = 15$
$11 - \boxed{2} = 9$ $15 - \boxed{8} = 7$

$4 + \boxed{8} = 12$ $9 + \boxed{7} = 16$
$12 - \boxed{8} = 4$ $16 - \boxed{7} = 9$

● □ 안에 알맞은 수를 쓰세요.

$8 + \boxed{7} = 15$
$15 - \boxed{7} = 8$

$5 + \boxed{7} = 12$ $9 + \boxed{4} = 13$
$12 - \boxed{7} = 5$ $13 - \boxed{4} = 9$

$7 + \boxed{7} = 14$ $8 + \boxed{4} = 12$
$14 - \boxed{7} = 7$ $12 - \boxed{4} = 8$

$9 + \boxed{8} = 17$ $6 + \boxed{8} = 14$
$17 - \boxed{8} = 9$ $14 - \boxed{8} = 6$

태경이와 지오는 덧셈, 뺄셈 놀이를 하고 있어요.

● 빈칸에 알맞은 수를 쓰세요.

● □ 안에 알맞은 수를 쓰세요.

$\boxed{7} + 6 = 13$
$13 - \boxed{7} = 6$

$\boxed{4} + 9 = 13$ $\boxed{3} + 8 = 11$
$13 - \boxed{4} = 9$ $11 - \boxed{3} = 8$

$\boxed{9} + 7 = 16$ $\boxed{5} + 7 = 12$
$16 - \boxed{9} = 7$ $12 - \boxed{5} = 7$

$\boxed{8} + 6 = 14$ $\boxed{9} + 2 = 11$
$14 - \boxed{8} = 6$ $11 - \boxed{9} = 2$

공부한 날
월
일

무엇을 배웠을까요

♣ ☐ 안에 알맞은 수를 쓰세요.

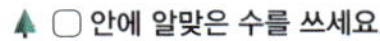

$8 + \boxed{5} = 13$

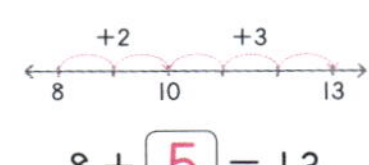

$12 - \boxed{5} = 7$

♣ 빈 곳에 알맞은 수를 쓰세요.

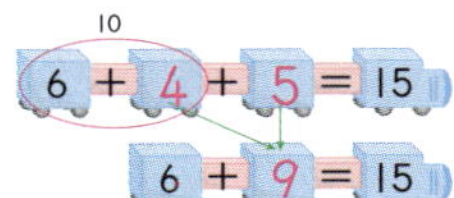

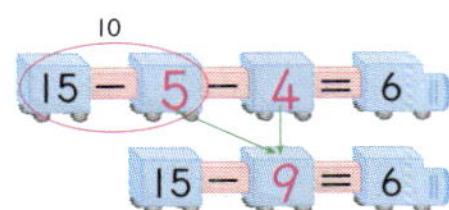

♣ ☐ 안에 알맞은 수를 쓰세요.

$\boxed{6} + 7 = 13$

$\boxed{9} + 5 = 14$

$\boxed{15} - 8 = 7$

$\boxed{17} - 9 = 8$

♣ 올바른 식이 되도록 선을 그으세요.

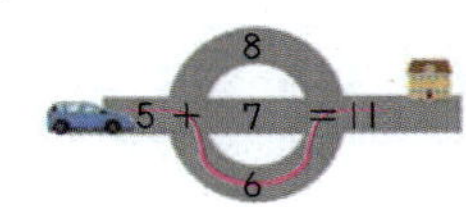

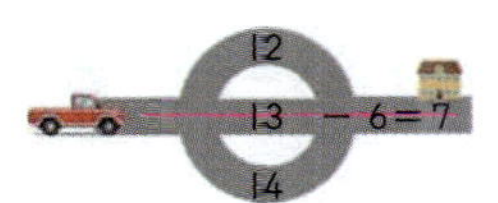

♣ 빈칸에 알맞은 수를 쓰세요.

♣ ☐ 안에 알맞은 수를 쓰세요.

$7 + \boxed{5} = 12$

$12 - \boxed{5} = 7$

$\boxed{9} + 4 = 13$

$13 - \boxed{9} = 4$

공부한 날
월
일

---

236 두 번 더하기

태경이는 얼음판을 건너뛰면서 덧셈을 하고 있어요.

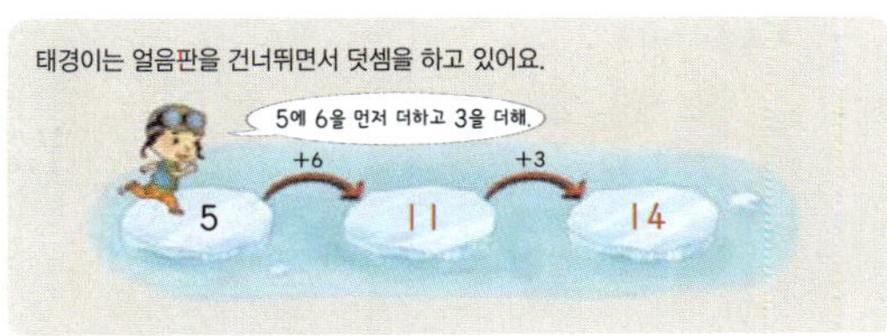

♣ 덧셈을 하여 빈 곳에 알맞은 수를 쓰세요.

♠ 덧셈을 하여 빈칸에 알맞은 수를 쓰세요.

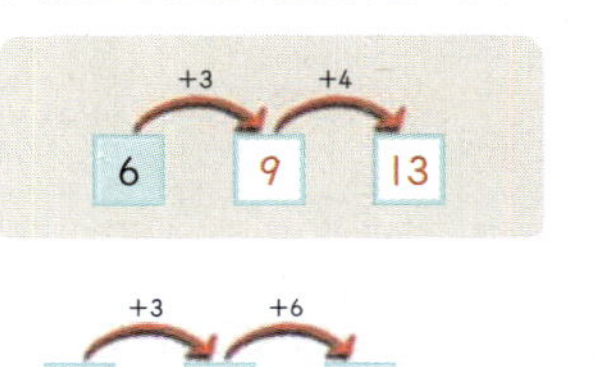

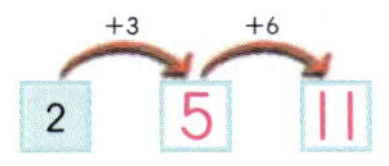

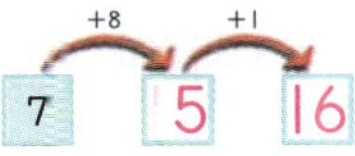

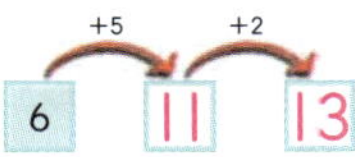

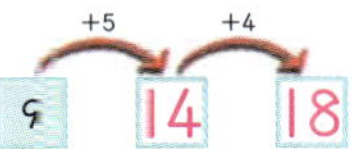

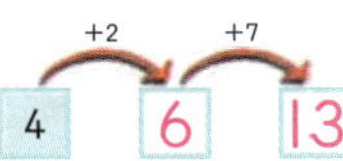

80
81

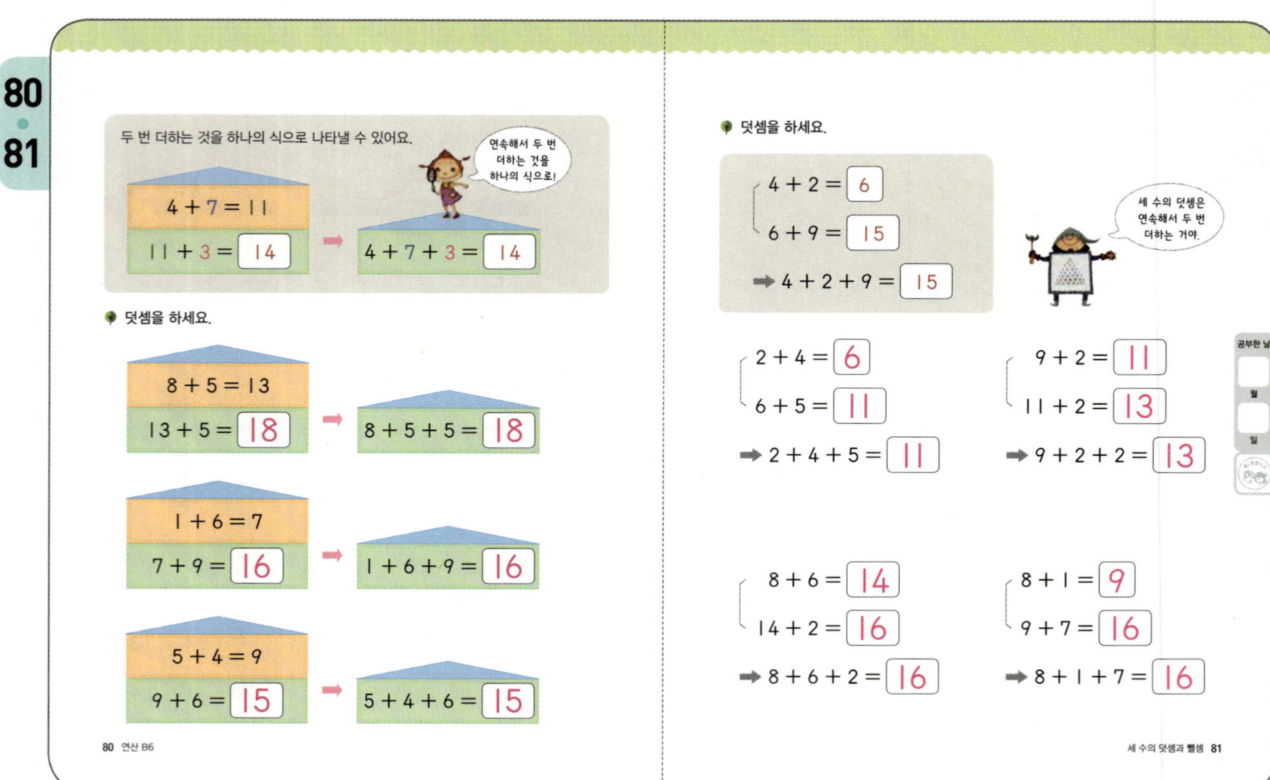

두 번 더하는 것을 하나의 식으로 나타낼 수 있어요.
연속해서 두 번 더하는 것을 하나의 식으로!
4 + 7 = 11
11 + 3 = 14
4 + 7 + 3 = 14
덧셈을 하세요.
8 + 5 = 13
13 + 5 = 18
8 + 5 + 5 = 18
1 + 6 = 7
7 + 9 = 16
1 + 6 + 9 = 16
5 + 4 = 9
9 + 6 = 15
5 + 4 + 6 = 15
80 연산 B6
덧셈을 하세요.
4 + 2 = 6
6 + 9 = 15
4 + 2 + 9 = 15
세 수의 덧셈은 연속해서 두 번 더하는 거야.
2 + 4 = 6
6 + 5 = 11
2 + 4 + 5 = 11
9 + 2 = 11
11 + 2 = 13
9 + 2 + 2 = 13
8 + 6 = 14
14 + 2 = 16
8 + 6 + 2 = 16
8 + 1 = 9
9 + 7 = 16
8 + 1 + 7 = 16
공부한 날
월
일
세 수의 덧셈과 뺄셈 81

82
83

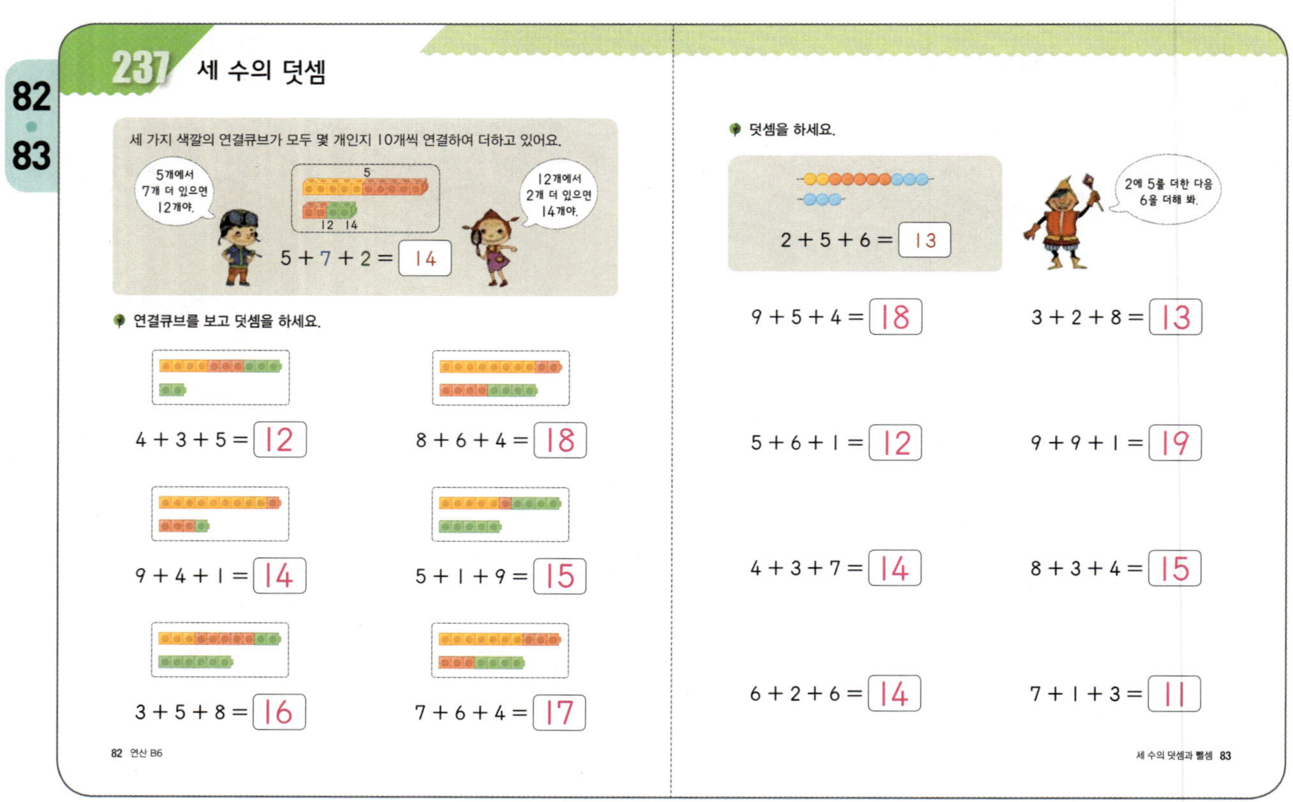

237 세 수의 덧셈
세 가지 색깔의 연결큐브가 모두 몇 개인지 10개씩 연결하여 더하고 있어요.
5개에서 7개 더 있으면 12개야.
12개에서 2개 더 있으면 14개야.
5 + 7 + 2 = 14
연결큐브를 보고 덧셈을 하세요.
4 + 3 + 5 = 12
8 + 6 + 4 = 18
9 + 4 + 1 = 14
5 + 1 + 9 = 15
3 + 5 + 8 = 16
7 + 6 + 4 = 17
82 연산 B6
덧셈을 하세요.
2 + 5 + 6 = 13
2에 5를 더한 다음 6을 더해 봐.
9 + 5 + 4 = 18
3 + 2 + 8 = 13
5 + 6 + 1 = 12
9 + 9 + 1 = 19
4 + 3 + 7 = 14
8 + 3 + 4 = 15
6 + 2 + 6 = 14
7 + 1 + 3 = 11
세 수의 덧셈과 뺄셈 83

나뭇잎에 쓰여 있는 수를 왼쪽부터 차례로 더하려고 해요.

🌱 □ 안에 알맞은 수를 쓰세요.

8 + 4 + 3 = 15
12
15

4 + 1 + 7 = 12
5
12

7 + 2 + 5 = 14
9
14

9 + 5 + 4 = 18
14
18

🌱 덧셈을 하세요.

9 + 5 + 4 = 18   3 + 2 + 8 = 13

5 + 6 + 1 = 12   9 + 9 + 1 = 19

4 + 3 + 7 = 14   8 + 3 + 4 = 15

6 + 2 + 6 = 14   7 + 1 + 3 = 11

238 두 번 빼기

지오는 돌다리를 건너뛰면서 뺄셈을 하고 있어요.

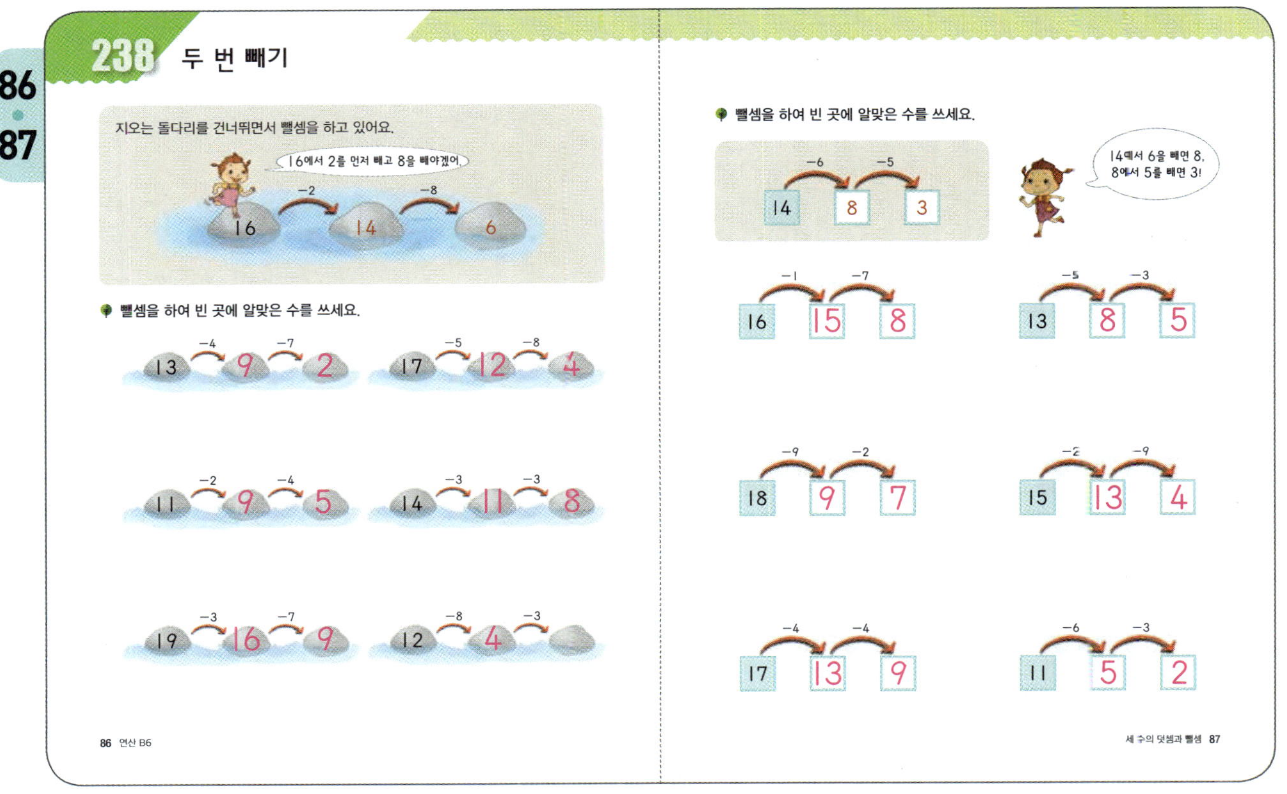

🌱 뺄셈을 하여 빈 곳에 알맞은 수를 쓰세요.

−4 −7
13   9   2

−5 −8
17 12   4

−2 −4
11   9   5

−3 −3
14 11   8

−3 −7
19 16   9

−8 −3
12   4

🌱 뺄셈을 하여 빈 곳에 알맞은 수를 쓰세요.

−6   −5
14   8   3

−1 −7
16 15   8

−5 −3
13   8   5

−9 −2
18   9   7

−2 −9
15 13   4

−4 −4
17 13   9

−6 −3
11   5   2

88 · 89

태경이는 트럭에 써 있는 수로 뺄셈을 하고 있어요.

$12 - 5 = 7$
$7 - 2 = \boxed{5}$ → $12 - 5 - 2 = \boxed{5}$

🌱 뺄셈을 하세요.

$19 - 7 = 12$
$12 - 4 = \boxed{8}$ → $19 - 7 - 4 = \boxed{8}$

$12 - 3 = 9$
$9 - 5 = \boxed{4}$ → $12 - 3 - 5 = \boxed{4}$

$17 - 6 = 11$
$11 - 6 = \boxed{5}$ → $17 - 6 - 6 = \boxed{5}$

🌱 뺄셈을 하세요.

$13 - 4 = \boxed{9}$
$9 - 6 = \boxed{3}$
→ $13 - 4 - 6 = \boxed{3}$

$14 - 6 = \boxed{8}$
$8 - 7 = \boxed{1}$
→ $14 - 6 - 7 = \boxed{1}$

$18 - 6 = \boxed{12}$
$12 - 4 = \boxed{8}$
→ $18 - 6 - 4 = \boxed{8}$

$11 - 4 = \boxed{7}$
$7 - 4 = \boxed{3}$
→ $11 - 4 - 4 = \boxed{3}$

$15 - 1 = \boxed{14}$
$14 - 7 = \boxed{7}$
→ $15 - 1 - 7 = \boxed{7}$

90 · 91

239 세 수의 뺄셈

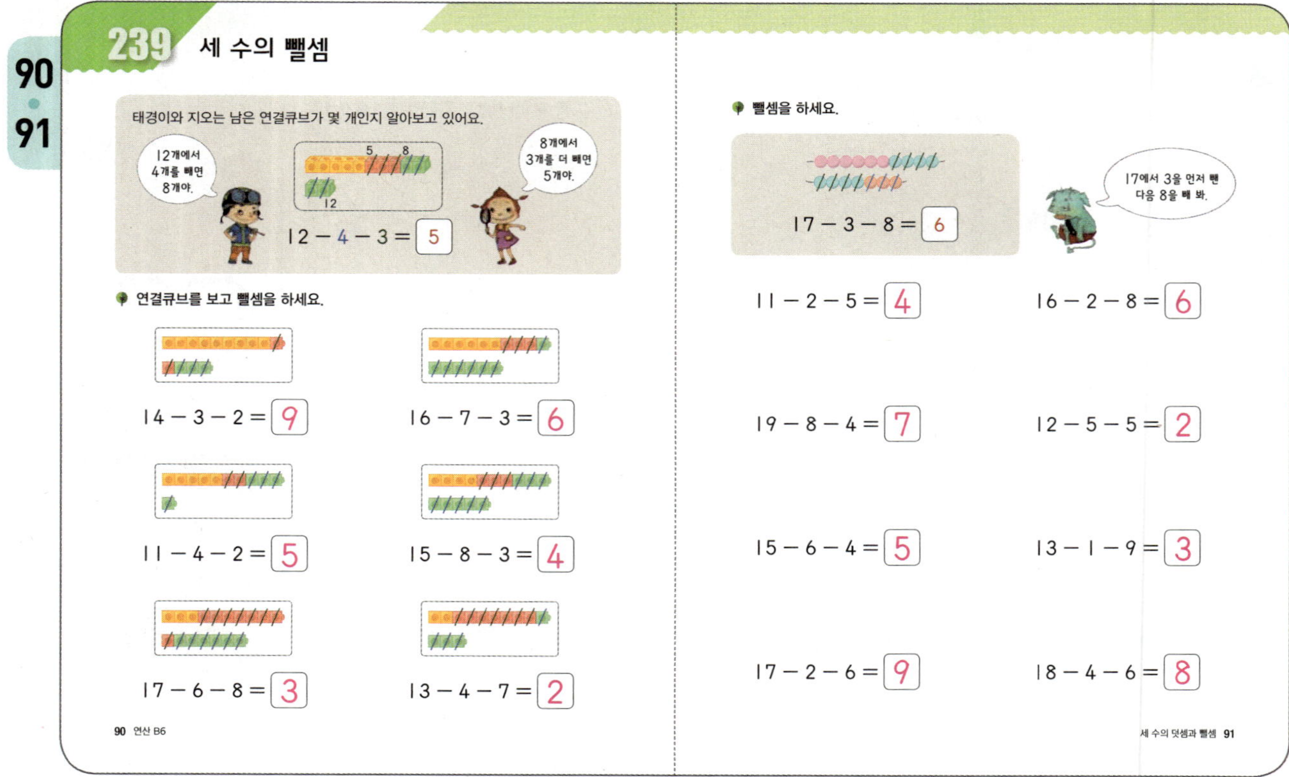

태경이와 지오는 남은 연결큐브가 몇 개인지 알아보고 있어요.

$12 - 4 - 3 = \boxed{5}$

🌱 연결큐브를 보고 뺄셈을 하세요.

$14 - 3 - 2 = \boxed{9}$

$16 - 7 - 3 = \boxed{6}$

$11 - 4 - 2 = \boxed{5}$

$15 - 8 - 3 = \boxed{4}$

$17 - 6 - 8 = \boxed{3}$

$13 - 4 - 7 = \boxed{2}$

🌱 뺄셈을 하세요.

$17 - 3 - 8 = \boxed{6}$

$11 - 2 - 5 = \boxed{4}$

$16 - 2 - 8 = \boxed{6}$

$19 - 8 - 4 = \boxed{7}$

$12 - 5 - 5 = \boxed{2}$

$15 - 6 - 4 = \boxed{5}$

$13 - 1 - 9 = \boxed{3}$

$17 - 2 - 6 = \boxed{9}$

$18 - 4 - 6 = \boxed{8}$

나뭇잎에 쓰여 있는 수를 왼쪽부터 차례로 빼려고 해요.

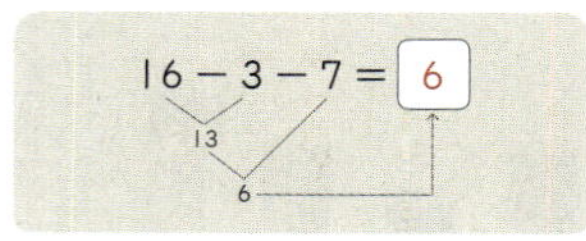

🌱 ◯ 안에 알맞은 수를 쓰세요.

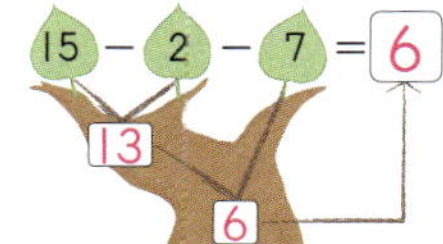

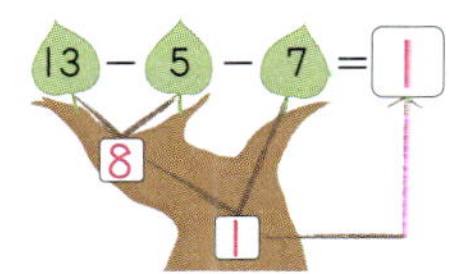

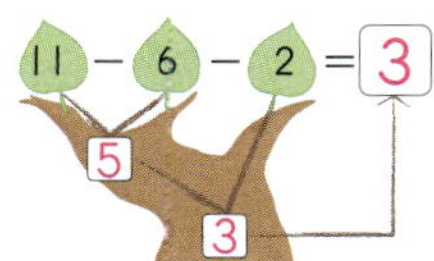

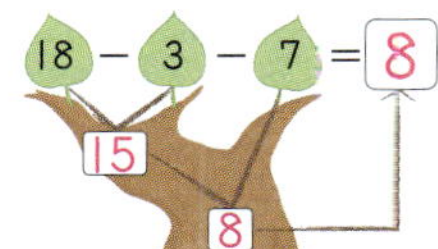

🌱 ◯ 안에 알맞은 수를 쓰세요.

$16 - 3 - 7 = 6$
13
6

$12 - 7 - 3 = 2$ $16 - 5 - 2 = 9$

$19 - 2 - 9 = 8$ $15 - 7 - 2 = 6$

$13 - 4 - 4 = 5$ $17 - 2 - 8 = 7$

$14 - 3 - 8 = 3$ $11 - 2 - 5 = 4$

---

240 세 수 더하고 빼기

7명이 타고 있던 버스에 5명이 더 타고 4명이 내렸어요.

$7 + 5 = 12$
$12 - 4 = 8$
➡ $7 + 5 - 4 = 8$

🌱 ◯ 안에 알맞은 수를 쓰세요.

$5 + 8 = 13$ $6 + 5 = 11$
$13 - 6 = 7$ $11 - 7 = 4$
➡ $5 + 8 - 6 = 7$ ➡ $6 + 5 - 7 = 4$

🌱 ◯ 안에 알맞은 수를 쓰세요.

$8 + 3 - 6 = 5$
11
5

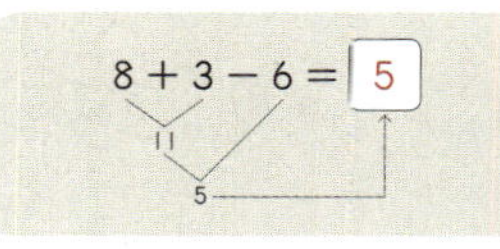

$5 + 9 - 8 = 6$ $9 - 2 - 8 = 3$

$6 + 6 - 4 = 8$ $7 + 8 - 6 = 9$

$8 + 4 - 7 = 5$ $6 + 7 - 9 = 4$

$4 + 7 - 9 = 2$ $8 + 6 - 7 = 7$

96·97

● 뺄셈과 덧셈을 하여 ☐ 안에 알맞은 수를 쓰세요.

16 −9 7 +5 12

13 −5 8 +4 12

15 −6 9 +5 14

11 −5 6 +7 13

14 −6 8 +8 16

12 −4 8 +3 11

● ☐ 안에 알맞은 수를 쓰세요.

$14 - 7 + 4 = \boxed{11}$

$12 - 7 + 8 = \boxed{13}$ $15 - 6 + 9 = \boxed{18}$

$14 - 6 + 4 = \boxed{12}$ $11 - 5 + 8 = \boxed{14}$

$13 - 5 + 7 = \boxed{15}$ $13 - 5 + 3 = \boxed{11}$

$12 - 5 + 9 = \boxed{16}$ $16 - 7 + 8 = \boxed{17}$

98·99

❄ 무엇을 배웠을까요

▲ 덧셈과 뺄셈을 하여 빈 곳에 알맞은 수를 쓰세요.

4 +4 8 +5 13

15 −4 11 −3 8

▲ ☐ 안에 알맞은 수를 쓰세요.

$5 + 2 + 6 = \boxed{13}$ 7   13

$15 - 8 - 3 = \boxed{4}$ 7   4

▲ 덧셈과 뺄셈을 하세요.

$5 + 7 = 12$
$12 + 4 = \boxed{16}$ ➡ $5 + 7 + 4 = \boxed{16}$

$16 - 7 = 9$
$9 - 4 = \boxed{5}$ ➡ $16 - 7 - 4 = \boxed{5}$

▲ ☐ 안에 알맞은 수를 쓰세요.

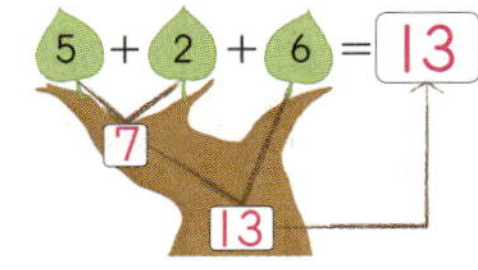
6 +6 12 −4 8

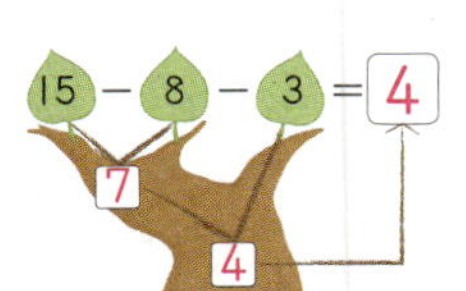
11 −4 7 +6 13

▲ 연결큐브를 보고 덧셈과 뺄셈을 하세요.

$4 + 7 + 3 = \boxed{14}$ $16 - 8 - 2 = \boxed{6}$

▲ ☐ 안에 알맞은 수를 쓰세요.

$8 + 5 - 9 = \boxed{4}$ $17 - 9 + 4 = \boxed{12}$

102 · 103

덧셈과 뺄셈
관련 쪽수: 6~27쪽

✛ 덧셈을 하세요.

$5 + 7 = \boxed{12}$ $6 + 8 = \boxed{14}$

$3 + 9 = \boxed{12}$ $8 + 4 = \boxed{12}$

$5 + 9 = \boxed{14}$ $9 + 8 = \boxed{17}$

$4 + 8 = \boxed{12}$ $8 + 5 = \boxed{13}$

$7 + 8 = \boxed{15}$ $5 + 8 = \boxed{13}$

$4 + 9 = \boxed{13}$ $3 + 8 = \boxed{11}$

$9 + 6 = \boxed{15}$ $6 + 7 = \boxed{13}$

✛ 뺄셈을 하세요.

$11 - 4 = \boxed{7}$ $17 - 9 = \boxed{8}$

$14 - 8 = \boxed{6}$ $12 - 3 = \boxed{9}$

$15 - 9 = \boxed{6}$ $16 - 8 = \boxed{8}$

$13 - 7 = \boxed{6}$ $16 - 9 = \boxed{7}$

$15 - 6 = \boxed{9}$ $17 - 8 = \boxed{9}$

$12 - 5 = \boxed{7}$ $11 - 7 = \boxed{4}$

$14 - 6 = \boxed{8}$ $13 - 8 = \boxed{5}$

104 · 105

덧셈과 뺄셈의 관계
관련 쪽수: 30~51쪽

✛ 덧셈식을 보고 뺄셈식 2개를 만드세요.

$8 + 4 = 12$
→ $\boxed{12} - \boxed{4} = \boxed{8}$
→ $\boxed{12} - \boxed{8} = \boxed{4}$

$7 + 8 = 15$
→ $\boxed{15} - \boxed{8} = \boxed{7}$
→ $\boxed{15} - \boxed{7} = \boxed{8}$

$6 + 5 = 11$
→ $\boxed{11} - \boxed{5} = \boxed{6}$
→ $\boxed{11} - \boxed{6} = \boxed{5}$

$9 + 4 = 13$
→ $\boxed{13} - \boxed{4} = \boxed{9}$
→ $\boxed{13} - \boxed{9} = \boxed{4}$

$5 + 9 = 14$
→ $\boxed{14} - \boxed{9} = \boxed{5}$
→ $\boxed{14} - \boxed{5} = \boxed{9}$

$3 + 9 = 12$
→ $\boxed{12} - \boxed{9} = \boxed{3}$
→ $\boxed{12} - \boxed{3} = \boxed{9}$

✛ 뺄셈식을 보고 덧셈식 2개를 만드세요.

$17 - 8 = 9$
→ $\boxed{9} + \boxed{8} = \boxed{17}$
→ $\boxed{8} + \boxed{9} = \boxed{17}$

$15 - 7 = 8$
→ $\boxed{8} + \boxed{7} = \boxed{15}$
→ $\boxed{7} + \boxed{8} = \boxed{15}$

$13 - 6 = 7$
→ $\boxed{7} + \boxed{6} = \boxed{13}$
→ $\boxed{6} + \boxed{7} = \boxed{13}$

$11 - 8 = 3$
→ $\boxed{3} + \boxed{8} = \boxed{11}$
→ $\boxed{8} + \boxed{3} = \boxed{11}$

$14 - 8 = 6$
→ $\boxed{6} + \boxed{8} = \boxed{14}$
→ $\boxed{8} + \boxed{6} = \boxed{14}$

$16 - 9 = 7$
→ $\boxed{7} + \boxed{9} = \boxed{16}$
→ $\boxed{9} + \boxed{7} = \boxed{16}$

106 · 107

□가 있는 덧셈과 뺄셈

관련 쪽수: 54~75쪽

❖ □ 안에 알맞은 수를 쓰세요.

$5 + \boxed{7} = 12$　　　$8 + \boxed{9} = 17$

$7 + \boxed{6} = 13$　　　$4 + \boxed{8} = 12$

$\boxed{9} + 5 = 14$　　　$\boxed{2} + 9 = 11$

$\boxed{7} + 4 = 11$　　　$\boxed{6} + 7 = 13$

$14 - \boxed{6} = 8$　　　$16 - \boxed{9} = 7$

$13 - \boxed{5} = 8$　　　$\boxed{11} - 6 = 5$

$\boxed{12} - 3 = 9$　　　$\boxed{13} - 5 = 8$

❖ □ 안에 알맞은 수를 쓰세요.

$9 + \boxed{5} = 14$　　　$7 + \boxed{5} = 12$
$14 - \boxed{5} = 9$　　　$12 - \boxed{5} = 7$

$5 + \boxed{8} = 13$　　　$6 + \boxed{6} = 12$
$13 - \boxed{8} = 5$　　　$12 - \boxed{6} = 6$

$\boxed{4} + 8 = 12$　　　$\boxed{8} + 3 = 11$
$12 - \boxed{4} = 8$　　　$11 - \boxed{8} = 3$

$\boxed{9} + 4 = 13$　　　$\boxed{8} + 6 = 14$
$13 - \boxed{9} = 4$　　　$14 - \boxed{8} = 6$

108

세 수의 덧셈과 뺄셈

관련 쪽수: 78~99쪽

❖ 계산을 하세요.

$4 + 3 + 5 = \boxed{12}$　　　$7 + 2 + 3 = \boxed{12}$

$6 + 5 + 7 = \boxed{18}$　　　$4 + 5 + 9 = \boxed{18}$

$13 - 4 - 5 = \boxed{4}$　　　$16 - 4 - 5 = \boxed{7}$

$14 - 9 - 2 = \boxed{3}$　　　$15 - 8 - 2 = \boxed{5}$

$5 + 7 - 3 = \boxed{9}$　　　$6 + 9 - 7 = \boxed{8}$

$4 + 8 - 5 = \boxed{7}$　　　$17 - 9 + 8 = \boxed{16}$

$12 - 4 + 5 = \boxed{13}$　　　$16 - 8 + 3 = \boxed{11}$